L'ALSACE ET LA LORRAINE

COMMENT ELLES

REDEVIENDRONT FRANÇAISES

PAR

H. BARTHELEMY

Auteur de AVANT LA BATAILLE

PARIS

A. LÉVY ET Cie, ÉDITEURS

131, RUE MONTMARTRE, — 48, RUE NOTRE-DAME-DES-VICTOIRES

PLACE DE LA BOURSE

—

1887

L'ALSACE ET LA LORRAINE

COMMENT

CES DEUX PROVINCES REDEVIENDRONT FRANÇAISES

DU MÊME AUTEUR:

AVANT LA BATAILLE

1 vol. in-18.. 5 fr.

SOUS PRESSE :

L'ENNEMI CHEZ LUI

L'ENNEMI SOUS LES ARMES

L'ENNEMI A LA FRONTIÈRE

IMPRIMERIE ÉMILE COLIN, A SAINT-GERMAIN

L'ALSACE ET LA LORRAINE

COMMENT ELLES

REDEVIENDRONT FRANÇAISES

PAR

H. BARTHELEMY

Auteur de AVANT LA BATAILLE

PARIS

A. LÉVY ET Cie, ÉDITEURS

131, RUE MONTMARTRE, — 48, RUE NOTRE DAME-DES-VICTOIRES

PLACE DE LA BOURSE

—

1887

L'ALSACE ET LA LORRAINE

COMMENT

CES DEUX PROVINCES REDEVIENDRONT FRANÇAISES

Le Vote de Protestation exprimé par la grande majorité des Electeurs d'Alsace et de Lorraine constitue un Evénement d'une importance capitale.

La plus grande partie de ces deux Provinces était réunie à la France depuis plus de deux Siècles, quand la Guerre de 1870 nous les a enlevées et les a fait passer sous le Sceptre du Roi de Prusse devenu Empereur d'Allemagne.

On peut dire que, pendant tout le XVIIIe Siècle, cette possession ne nous fut point contestée.

Sans doute, on continuait à parler dans la plupart des villes et des villages, des hameaux et des fermes, un patois qui se rapprochait plus de la Langue Allemande que de la Langue Française.

Mais les sentiments y étaient éminemment Français.

La Révolution de 1789 avait encore amené une plus étroite union entre les Habitants de l'Alsace et de la Lorraine et la Mère-Patrie. On les vit prendre la tête de ce sublime mouvement libéral. On compta un grand nombre de leurs Enfants parmi les plus illustres Généraux des Armées de la République Française.

Alsaciens et Lorrains reçurent, comme tous les autres Français, les coups de fusil et de canon qui accueillirent nos Ancêtres quand ils se laissèrent aller à cette généreuse entreprise de répandre sur le vieux Continent les grandes et nobles idées de la Révolution.

C'est chez Diétrich, maire de Strasbourg, que, le 26 avril 1792, Rouget de l'Isle, alors capitaine du génie, composa et fit entendre pour la première fois *La Marseillaise*, cet Hymne de guerre qui répondait si énergiquement à la provocation des Monarques Allemands, et dont Michelet a dit :

« Ce fut comme un éclair du Ciel; tout le monde fut saisi, ravi ; tous reconnurent ce Chant entendu pour la première fois. Tous le savaient. Tous le chantèrent, tout Strasbourg, toute la France. Le Monde, tant qu'il y aura un Monde, le chantera à jamais ».

Peu de temps après commençait cette longue série de Guerres qui, ayant eu pour point de départ la propagation des Droits de l'Homme, l'Affranchissement des Peuples, devait aboutir malheureusement à

d'effroyables Hécatombes, à la Dictature
militaire, à la haine des Races, à la Sainte-
Alliance !

L'Allemagne avait été le principal théâtre des opérations de nos Armées. C'est
là que Français, Germains et Slaves
s'étaient rencontrés et combattus pendant plus de vingt années presque sans
répit.

L'Empire Allemand y avait sombré.

La France avait pu revenir à la véritable constitution géographique qui lui
donne de plein droit la rive gauche du
Rhin et qui place sous son Hégémonie
les petits Etats compris dans la Région
Gauloise.

Mais cette constitution devait être de
courte durée.

Les Traités de 1815 restreignirent le
domaine de la France en même temps
qu'ils lui enlevèrent toute autorité sur les
Pays limitrophes.

La lutte contre nous avait eu pour principal inspirateur le Roi de Prusse.

La Maison d'Autriche ayant été successivement affaiblie par les Guerres qu'elle avait dû soutenir contre tous ses Voisins dans les deux derniers Siècles, au point de perdre définitivement en 1805 la Couronne Impériale d'Allemagne et de se voir dans l'obligation de reconnaître la Confédération du Rhin placée sous le Protectorat de Napoléon Ier, la Maison de Hohenzollern avait su prendre habilement la direction des affaires, des intérêts et des droits de la Race Germaine.

C'est un Prince de cette Maison qui avait organisé et préparé la Levée en masse, même pendant le séjour de nos Troupes victorieuses en Allemagne, pour le jour où sonnerait l'heure de la Délivrance. C'est la Prusse qui avait servi de centre d'action aux préparatifs de la Guerre de l'Indépendance. C'est son Armée

1.

qui avait pris la part la plus active à la grande Bataille des Nations. Ses généraux s'étaient montrés les plus intrépides et les plus acharnés dans la Campagne de 1814. N'était-ce pas à l'un d'eux enfin que l'on devait le désastre de Waterloo ! Son Roi n'avait-il pas été le premier d'ailleurs à marcher contre les jeunes troupes de la Révolution Française !

Tant de zèle méritait bien récompense.

En 1815 donc, la Prusse réclamait déjà la Place de Strasbourg et une partie de l'Alsace.

Mais ses projets ambitieux vinrent se heurter à un refus absolu des autres Puissances Contractantes qui ne se souciaient point d'étendre si loin les Territoires de la Monarchie des Hohenzollern.

Ce n'était que partie remise.

Les Descendants des Electeurs de Brandebourg avaient attendu plus d'un siècle avant d'obtenir le titre de Roi en Prusse.

Ceux-ci à leur tour pouvaient encore laisser s'écouler de longues années avant de prendre la Couronne Impériale Allemande. Il suffisait de savoir attendre et de préparer les événements.

A défaut d'un droit que l'on ne saurait ni ne pourrait invoquer, la force n'était-elle pas là pour assurer le succès final de ce rêve ambitieux?

Tandis que les autres Puissances Européennes étaient bouleversées par les mouvements révolutionnaires, ou se livraient des combats sanglants, tandis que les événements de 1830 et de 1848 renversaient des Trônes, tandis que la Russie, l'Angleterre, la Turquie, l'Autriche, l'Italie, la France, s'attaquaient et s'affaiblissaient, la Prusse marchait lentement, mais sûrement, vers l'époque où elle pourrait à son tour faire entendre sa voix et imposer ses volontés.

Si, pendant la Guerre de Crimée, sous

le règne d'un Souverain malade et qui
devait bientôt résilier ses Pouvoirs, la
Prusse avait cependant pris une attitude
déjà moins effacée, on ne remarqua pas
sans étonnement que, peu de jours après
la Bataille de Solférino, son intervention
en faveur des Provinces Allemandes de
l'Autriche menacées par les progrès de
nos Armées victorieuses s'était produite
avec autant d'énergie que d'habileté.

L'occasion était bien choisie.

Le Prince-Régent, qui devait devenir
deux ans plus tard Roi de Prusse, et, peu
de temps après, Empereur d'Allemagne,
avait pris un excellent prétexte. Aux yeux
de tous les Germains, il se faisait le
Protecteur des Allemands, à la place de
l'Empereur d'Autriche, devenu trop faible
pour les défendre contre l'Empereur des
Français, et cela au moment où ces deux
derniers se proposaient d'un commun accord de ne pas pousser plus loin la Guerre

qu'ils avaient entreprise, celui-là pour
maintenir sa position dans la vallée du
Pô, celui-ci pour commencer l'Affranchissement et l'Unité de l'Italie par la libéra-
tion de la Lombardie.

La France aurait dû dès lors se tenir
sur ses gardes, car, si elle avait jadis
tant lutté contre la suprématie de la
Maison d'Autriche, ce n'était pas pour
arriver à ce que la Maison de Prusse de-
vînt toute-puissante en Allemagne.

Mais notre Gouvernement ne sut rien
apercevoir, rien entendre, rien deviner,
rien prévoir.

Il fallait à la Prusse une Armée plus
forte pour réaliser ses projets ambitieux,
car on sait que, dans ce Royaume, comme
le disait Mirabeau il y a cent ans, « la
Guerre est une Industrie Nationale. » Des
Régiments nouveaux furent donc formés.
On ne parut pas s'en émouvoir en France,
ni dans les autres Pays d'ailleurs.

Bientôt, la question des Duchés de l'Elbe permit au Roi de faire un essai de ses Forces, en même temps qu'il entraînait l'Autriche dans une faute. Tout en paraissant prendre en main la défense des intérêts Allemands, il tendait un piège à son Rival. Celui-ci y tomba et l'Europe aussi, car il est inconcevable que le Danemarck n'ait pu trouver un Allié contre cette exécution fédérale qui mettait le petit Royaume aux prises avec les deux plus grands Etats Allemands.

L'Autriche et la France devaient bientôt supporter les terribles conséquences de leur erreur.

L'attaque de la Prusse se porta d'abord contre la première.

L'enchaînement logique des faits n'exigeait-il pas qu'au préalable l'Autriche fût chassée de l'Allemagne pour arriver ensuite à l'Unité Allemande sous l'Hégémonie de la Prusse dans une Guerre contre la France ?

Pendant cette Guerre, la France observa la Neutralité matérielle.

Moralement, notre pays était du côté de la Prusse contre l'Autriche.

La tradition ne nous avait-elle pas laissé ce souvenir que cette Puissance était forcément l'Ennemie de la France ? La Prusse n'avait-elle pas, du reste, la réputation d'être libérale ? Enfin, convenait-il que nous intervinssions dans une querelle Allemande ?

Il est vrai que la Prusse n'avait pas hésité un seul instant à accepter l'Alliance d'un Etat Latin pour avoir plus sûrement raison de son Ennemie et des petits Royaumes Allemands qui s'étaient joints à celle-ci. Mais il paraît que cela ne constituait pas un argument en faveur d'une action directe de la France.

Nous restâmes donc Neutres. Atten-

dant quoi ? L'annexion de la Belgique,
dit-on. Singulière conception, il faut le
reconnaître, puisqu'elle nous mettait forcément en présence de l'Angleterre. En
tout cas, non seulement nous n'allâmes
pas à Bruxelles ; mais, quatre ans plus
tard, toutes les Troupes Allemandes,
réunies sous le commandement du Roi
de Prusse, même celles qu'il avait com-
battues et battues en 1866, envahissaient
la France, écrasaient nos Armées et se
donnaient rendez-vous devant Paris.

On sait le reste.

Après une résistance désespérée, in-
sensée peut-être, mais honorable à coup
sûr, la France succombait, et se trouvait
dans l'obligation de donner, comme prix
de sa rançon, l'Alsace, la Lorraine et une
indemnité totale de cinq milliards huit
cents millions de francs.

Nous ne rechercherons pas ici les causes
de nos défaites. Ce n'est ni le lieu, ni le mo-

ment. Puis, il nous paraît inutile de formuler des récriminations stériles qui ne peuvent que jeter la division parmi nous alors que l'union nous est si nécessaire. Nous nous trouvons, en effet, dans une situation où les Evénements du Passé ne peuvent plus être invoqués comme des enseignements qu'autant que l'on en a négligé les avertissements ou qu'ils ont quelque corrélation avec le Présent et l'Avenir.

A cet égard, nous laisserons de côté tout ce qui concerne notre insuffisance au point de vue militaire en 1870.

Les causes de notre infériorité étaient incontestables : elles ont entraîné notre défaite. Mais on y a paré depuis.

Certes, au milieu de nos divisions intestines, au milieu des compétitions des divers Partis Politiques qui se disputaient le Pouvoir dans notre Pays au lendemain de nos désastres, la réorganisation de nos Forces Défensives n'a point été conduite avec autant de rapidité ni de sûreté que l'on aurait pu le souhaiter. Mais, enfin, nous possédons aujourd'hui un état militaire qui nous garantit dès à présent notre Indépendance Nationale et notre Intégrité Territoriale, et qui va chaque jour en s'améliorant et en se consolidant, en se perfectionnant et en se développant.

Nous ne jetterons donc un coup d'œil en arrière que pour rappeler et résumer les divers incidents plus particulièrement relatifs à la Déclaration de Guerre qui nous a valu la perte de l'Alsace et de la Lorraine ; il n'est peut-être pas hors de propos, en effet, de rappeler la dernière période des négociations qui précédèrent la rupture des relations entre la France et la Prusse, car il y a été fait usage de procédés que M. le Prince de Bismarck pourrait renouveler avec l'espoir qu'ils réussiraient encore.

Dans la nuit du 12 au 13 juillet 1870, notre Représentant à Berlin, alors en villégiature à Ems, où se trouvait également le Roi Guillaume, avait été invité à demander à ce Souverain l'engagement qu'il ne permettrait plus au Prince de Hohenzollern d'accepter la Couronne d'Espagne.

Le Roi se refusa à donner cette assurance, et, le jour même, il quittait Ems, sous prétexte de se rendre auprès de la Reine qui était alors à Coblenz, mais en réalité pour gagner Berlin, où l'ordre de préparer la Mobilisation avait été donné le 10 et suivi immédiatement des mesures préliminaires d'application.

Cette décision du Roi fut aussitôt transmise aux Gouvernements Etrangers dans la teneur suivante :

« Après que la renonciation du Prince de Hohenzollern eut été communiquée of-

ficiellement au Gouvernement Impérial
Français par le Gouvernement Espagnol,
l'Ambassadeur de France a demandé, à
Ems, à Sa Majesté le Roi, de l'autoriser à
télégraphier à Paris que Sa Majesté le
Roi s'engageait pour l'avenir à ne pas
consentir à ce qu'un Prince de Hohenzollern posât de nouveau sa candidature.
Sur ce, Sa Majesté a refusé de recevoir
l'Ambassadeur Français, et lui a fait dire
par l'Aide de camp de service que Sa
Majesté n'avait plus rien à communiquer
à l'Ambassadeur. »

Cette dépêche fut, en outre, affichée à
Berlin, à Ems, dans d'autres villes encore.

Bien plus, dès neuf heures du soir,
des Crieurs publics en grand nombre, dis-
séminés dans les rues les plus populeuses
de la Capitale du Royaume de Prusse,
offraient gratuitement à tous les Passants

le texte du télégramme reproduit ci-dessous, que l'on donnait comme envoyé
d'Ems à *la Gazette de l'Allemagne du
Nord* :

« Le Représentant de la France, y di-
sait-on, a accosté le Roi sans respect sur
la promenade publique. Dans des circonstances d'une si grande importance, il est
difficile de croire que ce manque de respect ne fût pas intentionnel. Le Roi, préoc-
cupé avant toute chose de sauvegarder
sa dignité, l'a fait avec cette noblesse et
cette distinction de manières dont il est
le modèle. Se retournant tranquillement
vers son Aide de camp, qui s'était retiré
à l'approche de l'Ambassadeur de France,
il lui a dit : « Veuillez informer M. l'Am-
« bassadeur qu'il n'y a pas de réponse et
« que je ne puis plus le recevoir. »

Or, rien n'était plus faux.

Notre Ambassadeur avait rencontré, il est vrai, le Roi de Prusse à la promenade; mais c'est celui-ci qui lui avait adressé la parole.

Après cet entretien dû au hasard, le Roi avait envoyé à notre Ambassadeur, et par deux fois dans la journée, son Aide de camp de service, en lui faisant donner toutes garanties pour le Présent, mais sans prendre d'engagement pour l'Avenir.

Il lui avait toutefois fait annoncer qu'il le recevrait dans son salon réservé de la gare d'Ems avant de partir, et, dans cette dernière entrevue, il lui avait déclaré que les Négociations ne devaient plus être reprises qu'à Berlin et avec son Gouvernement.

Mais M. de Bismarck avait pris les devants dès le soir même et si complètement brouillé les cartes qu'en Prusse il paraissait que le Roi avait été offensé par notre Ambassadeur, tandis qu'en France on croyait à une insulte du Souverain à notre Représentant.

La Guerre était donc inévitable dès le soir du 13 juillet 1870.

C'était tout ce que voulait M. de Bismarck, car il savait que nous n'étions pas prêts ; il lui suffisait de transformer en une Question Allemande une Question purement spéciale à la Dynastie, ou plutôt même tout simplement à la Famille des Hohenzollern.

C'est ce qui fut fait.

Ainsi, alors que le Gouvernement Français, comme c'était son devoir et son droit, songeait uniquement à se garantir contre une sorte de Restauration de l'Empire de Charles-Quint au profit de la Prusse, l'incident prenait de l'autre côté du Rhin, grâce à la perfide habileté du Chancelier de la Confédération de l'Allemagne du Nord, le caractère d'un conflit Franco-Allemand.

Il importe de retenir la Manœuvre de
M. de Bismarck, car, le cas échéant, il
n'hésiterait pas à la renouveler.

C'est d'ailleurs ce qu'il cherche à faire
depuis quelque temps.

Mais la France est prévenue:

Elle connaît la Tactique et l'Embus-
cade.

Elle n'y retombera pas.

Il suffit de quelque circonspection pour
déjouer les ruses même des gens les plus
habiles.

La leçon a été cruelle pour nous.

Nous avons vu notre Pays envahi,
notre Armée battue, écrasée, anéantie,
livrée, prise, et peu s'en est fallu que le
renom de la France ne fût englouti dans
la Catastrophe.

Enfin, nous y avons perdu l'Alsace et
la Lorraine!

En vertu de l'article premier de la Con-
vention sur les préliminaires de la Paix,

signée à Versailles, le 26 février 1871,
il a été stipulé que :

« La France renonce en faveur de l'Empire Allemand à tous ses droits et titres
sur les Territoires situés à l'est de la Frontière ci-après désignée :

« La ligne de démarcation commence
à la Frontière Nord-Ouest du Canton de
Cattenon, vers le grand-duché de Luxem-
bourg, suit vers le sud les frontières occidentales des cantons de Cattenon et de
Thionville, passe par le canton de Briey
en longeant les frontières occidentales
des communes de Montois-la-Montagne
et de Roncourt, ainsi que les frontières
orientales de Sainte-Marie-aux-Chênes,
Saint-Ail, Habonville, atteint la frontière
du canton de Gorze, qu'elle traverse le
long des frontières communales de Vion-
ville, de Bouxières et d'Onville, suit la
frontière sud-ouest, respectivement sud

2

de l'arrondissement de Metz, la frontière occidentale de l'arrondissement de Château-Salins jusqu'à la commune de Pettoncourt, dont elle embrasse les frontières occidentale et méridionale, pour suivre la crête des montagnes entre la Seille et le Moncel jusqu'à la frontière de l'arrondissement de Sarrebourg au sud de Garde. La démarcation coïncide ensuite avec la frontière de cet arrondissement jusqu'à la commune de Tanconville, dont elle atteint la frontière au nord; de là, elle suit la crête des montagnes, entre les sources de la Sarre-Blanche et de la Vezouze, jusqu'à la frontière du canton de Schirmeck, longe la frontière occidentale de ce canton, embrasse les communes de Saales, Bourg-Bruche, Colroy-la-Roche, Plaine, Ranrupt, Saulxures et Saint-Blaise-la-Roche, du canton de Saales, et coïncide avec la frontière occidentale des départements du Bas-Rhin et du Haut-Rhin jusqu'au can-

ton de Belfort, dont elle quitte la frontière
méridionale non loin de Vourvenans, pour
traverser le canton de Delle, aux limites
méridionales des communes de Bourognes
et de Froide-Fontaine, et atteindre la
frontière suisse, en longeant les frontières
orientales des communes de Jenchery et
de Delle.

« L'empire allemand possédera ces territoires à perpétuité, en toute souveraineté
et propriété... »

En quelques mois d'une Guerre heureuse,
la Prusse avait atteint son double objectif.

Le 18 janvier 1871, le Descendant des
Electeurs de Brandebourg se faisait cou-
ronner Empereur d'Allemagne dans la
grande Salle des Glaces du Château de
Versailles. Lui qui, au temps de Louis XIV,
aurait eu à peine rang à la Cour du Grand
Roi, il réunissait dans ce même Palais
tous ses nouveaux Vassaux Allemands !

Peu de jours après cette grande cérémonie, Paris capitulait. Avec la résistance de la Capitale, tombait aussi celle de la France entière, et nous nous voyions dans la cruelle obligation d'abandonner l'Alsace et la Lorraine au nouvel Empire Allemand ainsi ressuscité.

Nous avons dit plus haut qu'il nous paraît inutile et même dangereux de discuter à présent sur les causes de nos échecs dans notre Guerre contre la Prusse et ses Alliés.

Mais il nous semble indispensable de réfuter une fois pour toutes l'accusation portée contre la République par ses Adversaires de l'Intérieur que c'est à elle que la France est redevable de la perte des deux Provinces qui nous ont été enlevées par l'Allemagne. Cela nous semble de toute nécessité, non-seulement pour les Français de France, mais encore et surtout pour les Français d'Alsace et de Lorraine.

On sait qu'en 1879 M. Moritz Busch, secrétaire particulier du Chancelier de l'Empire d'Allemagne, a fait paraître, avec l'autorisation de celui-ci, un livre intitulé : *Le Comte de Bismarck et sa suite pendant la guerre de France*, 1870-1871.

Dans ce volume, se trouvent relatés jour par jour les propos, faits et gestes, du Fondateur de l'Unité Allemande.

On y lit, à la date du dimanche 28 août 1870 :

« J'apprends, et j'en fais part aux autres, que l'on est fermement résolu à demander à la France l'annexion de Territoires et que la paix ne se fera qu'à cette condition. »

Qu'on le remarque bien, cette affirmation est donnée cinq jours avant la Bataille de Sedan dont on ne pouvait encore prévoir la désastreuse issue.

2.

M. Moritz Busch ajoute :

« Un article, approuvé par le Chef, établissait ce renseignement de la façon suivante. »

Le *Chef* de l'historiographe, c'était alors et c'est encore aujourd'hui, du reste, M. le Prince de Bismarck.

Voici l'article envoyé le 28 août 1870 par « le Bureau de l'Opinion Publique » à toute la Presse bien pensante d'Allemagne.

« Les Armées Allemandes, depuis les victoires de Mars-la-Tour et de Grave-lotte, avancent irrésistiblement. Le moment est venu de se demander à quelles conditions l'Allemagne pourra faire la Paix avec la France. L'idée de gloire et de conquête ne doit pas nous guider en cette circonstance ; encore moins la gé-nérosité, comme le voudraient certains Journaux Etrangers ; mais uniquement le

désir de protéger l'Allemagne du Sud
contre les attaques de l'avidité française,
attaques qui se sont produites une dou-
zaine de fois depuis Louis XIV, et qui se
répéteront aussi souvent que la France se
croira assez forte pour les entreprendre.
Les sacrifices immenses d'argent et de
sang qu'a faits le Peuple Allemand, de
même que toutes les Victoires qu'ont rem-
portées les Armées Allemandes, devien-
draient complètement inutiles, si l'on ne
diminuait pas les forces offensives de la
France et si l'on [n'augmentait pas les
forces défensives de l'Allemagne. C'est ce
que la Nation Allemande a le droit d'exiger. Si l'on se contentait d'un change-
ment de Dynastie et d'une indemnité quelconque, rien ne serait modifié en réalité,
et l'on n'empêcherait pas la présente
Guerre de devenir le prélude d'une série
d'autres Guerres, d'autant plus que le
ressentiment causé par la défaite pous-

serait les Français à la Revanche. Grâce
à la richesse relativement grande de la
France, l'indemnité serait bientôt rega-
gnée, et toute nouvelle Dynastie, pour se
maintenir, chercherait, par des victoires
sur nous, à compenser les succès de la
Guerre actuelle. La générosité est sans
doute un fort beau sentiment, mais, en
politique, elle produit généralement peu
de gratitude. Nous n'avons pas enlevé un
pouce de Territoire aux Autrichiens en
1866. Nous en sont-ils reconnaissants
aujourd'hui? Ne sont-ils pas animés de
haine et du désir de la vengeance, simplement parce qu'ils ont été vaincus? Les
Français nous portaient déjà envie à cause
de notre victoire de Kœnnigsgrætz, alors
qu'une Puissance Etrangère, et non pas
eux, y avait été battue. Quels sentiments
éprouvent-ils après Wœrth et Metz, et
combien ne vont-ils pas méditer la
vengeance après leurs propres défaites,

que nous renoncions ou non à une annexion de Territoire! On a agi autrement en 1814 et en 1815, mais cette expérience a démontré suffisamment que notre clémence à cette époque ne nous a point été favorable. Si l'on avait affaibli alors les Français, autant que l'exigeait l'intérêt de la Paix Européenne, nous ne serions pas obligés de faire en ce moment la Guerre. Le danger n'est pas dans le Bonapartisme, bien qu'il soit porté à formuler des velléités chauvinistes, mais plutôt dans l'arrogance incurable de cette partie du Peuple Français qui donne le ton à la France entière. Ce côté du Caractère National Français tracera la voie à une Dynastie, quelle qu'elle soit, même à une République, et poussera tout Gouvernement Français à attaquer des Voisins paisibles. Nous ne pouvons recueillir les fruits de notre victoire qu'en améliorant les forces défensives de notre Frontière.

Celui qui désire en Europe une Paix assez
solide pour permettre de diminuer le
Budget de la Guerre, doit souhaiter qu'une
barrière solide soit opposée aux désirs de
conquête des Français. En d'autres ter-
mes, il faut, à l'avenir, rendre impossible
aux Français l'envahissement de l'Allemagne du Sud, en ne gardant pourtant
qu'une Armée petite, et empêcher même
qu'en temps de paix les Allemands du Sud
soient dans l'obligation d'observer la
France. Donner à l'Allemagne du Sud une
forte Frontière, tel doit être notre but,
notre tâche ; accomplir cette tâche, c'est
délivrer complètement l'Allemagne et
achever l'œuvre de la Guerre d'Indépendance de 1813 et 1814. Le moins que
nous devions réclamer pour que l'Allemagne entière, pour que toutes les Populations au Sud du Mein, qui sont de notre
Race et ont combattu avec nous, puissent
se déclarer satisfaites, c'est donc qu'on

nous livre les Portes par où la France peut faire irruption en Allemagne, c'est-à-dire Strasbourg et Metz. Vouloir attendre une Paix durable de l'anéantissement de ces Forteresses serait une illusion de myope ; ce serait s'imaginer qu'il est possible de gagner les Français par la clémence ; ce serait oublier aussi que nous demandons la restitution de Territoires qui ont été Allemands, et qui, sans doute avec le temps, apprendront à se sentir de nouveau Allemands. Les changements de Dynastie nous sont indifférents. Une indemnité de guerre ne constitue qu'un affaiblissement passager de la France. Ce qu'il nous faut, c'est une grande sûreté de Frontières Allemandes, et nous ne l'atteindrons qu'en transformant les Forteresses qui nous menacent en ouvrages de défense. Strasbourg et Metz, de Forteresses agressives Françaises, doivent devenir Forteresses défensives Allemandes.

Celui qui veut sincèrement la Paix, qui veut que la Charrue prime le Sabre, doit souhaiter d'abord que les Voisins de la France soient en état d'y consentir, car c'est la France seule qui trouble la Paix, et elle le fera tant qu'elle en aura la force. »

Voilà ce que M. le Prince de Bismarck faisait publier, même avant la Bataille de Sedan, par tous les Journaux à sa dévotion.

Dès le 15 août 1870, d'ailleurs, ainsi que le raconte encore M. Moritz Busch, un télégramme envoyé en Allemagne faisait connaître que les Allemands, qui s'étaient déjà installés et qui se considéraient comme les maîtres du Pays conquis à la suite de leurs premières victoires, garderaient l'Alsace, « si telle était la volonté de Dieu ».

On pense bien que cette volonté se

trouva singulièrement confirmée par la catastrophe de Sedan.

Le Général de Wimpffen raconte ainsi qu'il suit la conversation qu'il eut sur ce sujet avec le Comte de Bismarck lors des Pourparlers en vue de la Capitulation :

« Le Comte de Bismarck, venant ensuite à parler de la Paix, me dit que la Prusse avait l'intention bien arrêtée d'exiger, non seulement une indemnité de Guerre de quatre milliards, mais encore la cession de l'Alsace et de la Lorraine Allemande, « seule garantie pour nous, ajouta-t-il, « car la France nous menace sans cesse, « et il faut que nous ayons, comme pro-« tection solide, une bonne ligne straté-« gique avancée. »

« Je répondis qu'on obtiendrait, sans doute, les milliards, mais qu'on ne céderait point une portion de Territoire sans une lutte acharnée, et que, si la France devait y succomber, et se voir forcée, pour obtenir la Paix, d'abandonner l'Alsace et la Lorraine, cette Paix ne serait qu'une Trêve durant laquelle tous, de l'Enfant au Vieillard, apprendraient le maniement des armes pour recommencer, avant peu, une Guerre terrible, dans laquelle l'un des deux Peuples disparaîtrait, comme Nation, de la carte de l'Europe. — « La France, répliqua le Ministre « du Roi Guillaume, ne nous a pas par- « donné Sadowa. Quelles que soient les « conditions de Paix que nous lui accor- « dions, elle ne nous pardonnera pas « notre victoire sur elle-même. Elle « voudra venger sa défaite, et, c'est pré- « cisément parce que la lutte devra recom- « mencer, que nous devons, dès aujour- « d'hui, prendre des garanties sérieuses « contre vous, si nous voulons que nos « succès portent des fruits durables. »

Il est donc souverainement inexact et injuste d'imputer au Gouvernement de la Défense Nationale et par suite à la République la perte de l'Alsace et de la Lorraine.

Le Gouvernement Impérial lui-même n'aurait jamais accepté les conditions que l'Ennemi annonçait la prétention de lui imposer avant comme après Sedan.

Le Général Palikao faisait la Déclaration suivante dans la Séance du 3 septembre, au Corps Législatif.

« Nous appelons toutes les Forces vives de la Nation à défendre le Territoire. Nous y mettrons toute l'énergie possible, et nous ne cesserons nos efforts que quand nous aurons expulsé les Prussiens. »

C'est sans doute sous l'empire de ce sentiment que le Conseil des Ministres, présidé par le Général, adressait à la Population Française la Proclamation reproduite ci-dessous et dont la lecture démontre péremptoirement que la Guerre aurait été continuée avec acharnement par le Gouvernement Impérial, même après le désastre de Sedan, si la Révolution du 4 septembre n'était pas venue faire passer la direction de nos affaires en d'autres mains :

« Français, y était-il dit, un grand malheur frappe la Patrie.

« Après trois jours d'une lutte héroïque soutenue par le Maréchal de Mac-Mahon contre 300,000 Ennemis, 40,000 Hommes ont été faits prisonniers.

« Le Général de Wimpffen, qui avait pris le commandement de l'Armée, en remplacement du Maréchal blessé, a signé une Capitulation.

« Ce cruel revers n'ébranle pas notre

courage. Paris est aujourd'hui en état de se défendre.

« Les forces militaires du Siège s'organisent.

« Avant peu de jours, une Armée nouvelle sera sous les murs de Paris. Une autre Armée se forme sur les rives de la Loire.

« Votre patriotisme, votre union, votre courage sauveront la France.

« L'Empereur a été fait prisonnier dans la lutte.

« Le Gouvernement, d'accord avec les Pouvoirs publics, prend toutes les mesures que comportent les Evénements. »

Cette intention bien arrêtée chez les membres du Gouvernement Impérial, de ne consentir à une cession de Territoire que dans le cas où toute résistance fût devenue moralement et matériellement impossible, nous la retrouvons dans la déposition faite lors du Procès de Trianon par M. le Général Boyer, qui s'était rendu de Metz à Londres pour engager l'Impératrice de traiter avec les Allemands.

« Jamais, affirme-t-il, Sa Majesté n'a voulu consentir à une cession quelconque du Territoire Français, dans toutes les combinaisons qui ont été mises en avant, et aussi dans les Conseils que l'Impératrice a tenus, à plusieurs reprises, à Londres, avec d'anciens Dignitaires de l'Empire. Dans ces Conseils, auxquels j'ai assisté, cette condition a toujours été écartée. Jamais l'Impératrice n'eût consenti, dans aucun cas, à une mutilation du Territoire. C'est là un fait qui est resté bien marqué dans mon esprit. »

Si cette assertion ne suffisait pas, on pourrait encore invoquer le témoignage de M. Rouher au cours du même Procès et au sujet de la visite de M. le général Boyer à Londres.

« Nous avons rencontré chez Sa Majesté, déclare-t-il, une résistance formelle et invincible à apposer sa signature sur un Acte entraînant une mutilation du Territoire. Je n'ajoute pas que nous avons fait des efforts pour la décider à entrer dans cette voie. L'Impératrice était absolument opposée à toute question relative à la modification des Frontières de la France. »

Ces citations suffisent, je l'espère, à dégager définitivement le Gouvernement de la Défense Nationale et la République de l'accusation qui leur a été si souvent imputée d'avoir coûté à la France les deux belles et patriotiques Provinces d'Alsace et de Lorraine.

Il m'a paru indispensable d'en faire la démonstration, aujourd'hui que seize années se sont écoulées depuis cette cruelle séparation.

Je ne veux pas rechercher les responsabilités, car c'est en Citoyen Français et non en Homme de Parti que j'écris ces quelques pages sur le grave Problème International que pose devant le Monde moderne la situation particulière de l'Alsace et de la Lorraine. Je tiens seulement à prouver que la continuation de la lutte répondait au sentiment général dans notre Pays.

Comme l'exprimait si justement le Rapporteur de la Commission d'Enquête formée par l'Assemblée Nationale sur la Journée du 4 septembre 1870 :

« L'honneur d'un Peuple, comme celui d'un Homme, n'est pas un vain mot, et l'estime de soi est aussi nécessaire à un

Pays qu'à un individu. Si la France, après Sedan, se fût laissé démembrer avant d'être vraiment réduite à l'impuissance, la France aurait perdu toute estime d'elle-même. »

Une dernière observation pour terminer cette rapide esquisse historique des divers Evénements qui ont amené la perte de l'Alsace et de la Lorraine.

On a prétendu que la chute de l'Empire avait enlevé à la France toute chance d'intervention de l'Empereur de Russie en notre faveur.

Or, dans une lettre adressée par M. le Général Fleury, le 30 août 1870, à notre Ministre des Affaires Etrangères, l'Ambassadeur de France à Saint-Pétersbourg raconte ce qui suit :

« J'ai eu ce matin un long entretien avec l'Empereur Alexandre. Il a écrit

3.

tout dernièrement au Roi de Prusse. Il
lui a fait comprendre que, dans le cas où
la France serait finalement vaincue, une
Paix basée sur une humiliation ne serait
qu'une Trêve, et que cette Trêve serait
dangereuse pour tous les Etats. Le Roi
aurait fait une réponse satisfaisante, dans
laquelle serait désignée la grande diffi-
culté pour lui de faire accepter par l'Allemagne l'abandon d'une partie des Provinces conquises. Après un échange
d'idées et une protestation énergique de
ma part, le Czar n'a pas insisté. Visi-
blement impressionné par mes paroles, il
m'a dit avec animation qu'il partageait
mon opinion, et qu'il saura bien, le moment venu, parler hautement si cela de-
venait nécessaire. Si j'insiste sur ces
nuances, c'est pour constater une fois de
plus combien l'Empereur Alexandre est
dominé par les Influences Prussiennes,
et combien il me paraît utile de venir pé-

riodiquement combattre le travail inces-
sant du Comte de Bismarck. »

Ainsi donc, de l'aveu du Représentant
de l'Empereur Napoléon III à Saint-Pétersbourg, la prépondérance de l'autorité
appartenait, près du Czar, au Roi de
Prusse, même avant nos grands désastres
de Sedan et de Metz. N'était-il pas évi-
dent que cette domination devait encore
s'accentuer après ces deux lamentables
Journées? et cela quelle que fût la forme
du Gouvernement Français!

Si l'on s'en rapportait aux considérations qu'a formulées le Rapporteur de la
Commission d'Enquête constituée par
l'Assemblée Nationale sur les Actes Di-
plomatiques du Gouvernement du 4 Septembre, on serait même tenté de croire
que les dispositions favorables de l'Empereur de Russie ont été continuées à la

France après la Révolution qui porte cette date.

« Sous l'influence de M. Thiers, est-il dit dans ce Document, la bonne volonté du Czar se manifesta plus tard dans une certaine mesure ; on n'a aucune raison de croire qu'il l'aurait dépassée en faveur de l'Impératrice Eugénie. La Russie n'avait pas dit à la France qu'elle lui ferait obtenir la Paix à telle ou telle condition. L'Empereur de Russie a écrit au Roi de Prusse en lui exprimant le désir que celui-ci accordât à la France une Paix acceptable. Le Roi de Prusse a écarté la demande, et cela n'a pas eu de conséquences. »

La Russie était impuissante alors à nous protéger. M. de Chaudordy le déclare dans sa déposition devant la Commission d'Enquête sur les Actes du Gouvernement de la Défense Nationale.

« Lorsque l'Angleterre s'adressa à la
Russie, dit-il, au sujet de la Proposition
faite par moi de céder sur la question de
Démantèlement, le Prince Gortschakof
répondit : « Nous, nous allions plus loin;
« nous avions demandé la Paix sans ces-
« sion territoriale, mais nous avons
« échoué. »

Le doute n'est donc pas permis.

L'Alsace et la Lorraine n'ont point été
enlevées à l'Empire Français ou à la République Française, mais à la France.

Elles nous ont été arrachées parce que
la France n'était plus ou ne paraissait
plus être en état de défendre son Territoire, et parce que ces deux Provinces
étaient considérées par les Allemands
Unitaires et Impérialistes comme la base
de l'Unité Allemande et de l'Empire Allemand.

Voilà la vérité.

Il importait de la rétablir à nos yeux.

Car, ainsi envisagée, la Question de l'Alsace-Lorraine n'est plus ni une Question Dynastique, ni une Question Républicaine, mais une Question éminemment Nationale, éminemment Française.

Dans l'article 2 du traité de paix signé à Francfort le 10 mai 1871, il est dit :

« Les Sujets Français, originaires des Territoires cédés, domiciliés actuellement sur ce Territoire, qui entendront conserver la Nationalité Française, jouiront, jusqu'au 1ᵉʳ octobre 1872, et moyennant une Déclaration préalable faite à l'Autorité compétente, de la faculté de transporter leur domicile en France et de s'y fixer, sans que ce droit puisse être altéré par les lois sur le Service militaire, auquel cas la qualité de Citoyen Français leur sera maintenue. Ils seront libres de conserver leurs immeubles situés sur le Territoire réuni à l'Allemagne. »

Déjà, avant que cette clause fût connue, beaucoup d'Alsaciens et de Lorrains avaient quitté leur Sol Natal pour ne point devenir Allemands.

Il n'y a aucune exagération à affirmer que tous les Français d'Alsace et de Lorraine qui n'étaient point liés par un intérêt puissant à la terre même, c'est-à-dire par une propriété agricole, industrielle et commerciale, se hâtèrent de profiter du seul moyen qui leur était offert de conserver leur Nationalité d'origine.

Quant aux Chefs de Familles qui se trouvaient dans la nécessité de demeurer dans les deux Provinces annexées, ils eurent recours à tous les subterfuges pour arriver du moins à ce que leurs Fils ne se trouvassent point astreints à endosser l'Uniforme Allemand, ou plutôt Prussien.

Il convient de remarquer, en effet, que
l'Alsace-Lorraine, tout en prenant offi-
ciellement l'appellation de Reichsland,
c'est-à-dire de Terre de l'Empire, n'a
jamais été, depuis que l'Allemagne s'en
est emparée, qu'un Fief Prussien.

Sans doute, le XVe Corps d'Armée Allemand, qui occupe les deux Provinces, se
compose de Troupes empruntées à tous
les Etats Confédérés du nouvel Empire.
On y trouve des Régiments venant du
Brunswick, de la Saxe, du Schleswig, du
Holstein, de la Prusse Rhénane, de la Si-
lésie, du Brandebourg, du Wurttemberg,
de la Hesse, de Bade, de la Bavière, de
la Westphalie. Mais l'élément purement
Prussien y domine.

Quant aux Jeunes Soldats provenant du
Reichsland, on les incorpore exclusivement dans des Régiments Prussiens, y
compris les Corps de Troupe de la Garde
Royale qui reçoivent un grand nombre

de Conscrits de l'Alsace et de la Lorraine.

Les Allemands avaient-ils espéré que,
par l'Annexion, ils parviendraient à rame-
ner à eux ceux qu'ils appelaient leurs « Frè-
res égarés » de ces deux Provinces ? Le
croyaient-ils sincèrement, ou n'était-ce
qu'une « idée de Professeur » enseignée
dans les Ecoles à la Jeunesse Allemande?
Cette hypothèse est à coup sûr la plus
vraisemblable. En tout cas, elle répond
parfaitement aux incidents divers qui sui-
virent le Traité de Francfort.

Après les Options, qui se produisirent
malheureusement en trop grand nombre,
mais qui ne pouvaient être moins nombreuses, car il s'agissait avant tout d'é-
chapper au Service dans les Armées
Allemandes, l'Allemagne put supposer que
les Alsaciens et les Lorrains, qui ne s'é-
taient pas déclarés en faveur de la Nationalité Française, accepteraient volontiers

sa domination ou s'y plieraient peu à peu avec le temps.

Toutes les mesures furent prises en conséquence pour amener le revirement de l'Esprit Public en Alsace et en Lorraine.

La France était bien bas alors.

Aux désastres de l'Invasion avait succédé la Guerre civile.

Notre Pays était en ruine.

Notre Fortune publique avait été si gravement atteinte qu'on pouvait la considérer comme à jamais perdue.

Notre Crédit avait disparu.

Notre Prestige s'était effondré.

Personne en Europe ne nous accordait plus ni le titre ni le rôle de Grande Puissance que nous possédions depuis si longtemps.

Nous paraissions condamnés à mort.

Les Autorités Allemandes ne se firent pas faute de chercher à démontrer aux

Alsaciens et aux Lorrains qu'ils n'avaient plus rien à attendre d'un Pays aussi abattu.

Ils y employèrent toutes sortes d'arguments.

Ils eurent alternativement recours à la douceur et à la violence, à des régimes d'exception et à des concessions libérales en apparence du moins, pour faire naître chez les Annexés cette idée qu'ils devaient à jamais renoncer à la France.

Ils mirent en jeu les sentiments les plus humains comme aussi les passions les plus viles.

C'est à peine si, après tant d'efforts, ils parvinrent à compter quelques rares défections au bout de longues années.

Cependant, ils avaient envoyé dans les Provinces conquises l'Elite de leurs Fonctionnaires et de leurs Employés de tous les ordres.

Cependant encore, ils offraient de

superbes places aux Alsaciens et aux Lorrains qui consentaient plus ou moins volontiers à servir l'Empire Allemand.

Il suffisait que l'un de ceux-ci condescendît à accepter un Emploi Public pour qu'aussitôt on lui donnât une Position et des Appointements de beaucoup supérieurs à ce que la France octroyait jadis.

Mais rien n'y fit.

Il semblait, au contraire, que, plus la séparation durait, plus l'Alsace et la Lorraine témoignaient d'attachement à la France et d'éloignement à l'Allemagne.

Il est vrai que, si l'Administration Publique Allemande avait à sa disposition un Personnel de choix en Alsace et en Lorraine, l'immigration des Allemands dans ces deux Provinces y avait par contre amené par bandes certains individus qui n'étaient pas précisément de nature à faire aimer ni estimer la Race Allemande.

Puis, il apparut bientôt que l'affection

pour la France avait décidément les ra-
cines les plus vivaces et les plus profondes
dans le cœur des Annexés.

Eux ou leurs Ancêtres n'avaient-ils pas
marché jadis à la victoire sous les drapeaux de la France?

N'avaient-ils pas été avec nos Aïeux,
ou avec nos Pères, ou avec nous-mêmes,
en Amérique, aux Indes, en Afrique?

La France, d'ailleurs, n'était pas si
déchue que se complaisaient à le dire les
Vainqueurs de 1870.

A certains indices, il était facile de
constater que notre Pays se relevait.

Dès 1875, l'Allemagne, toute surprise
et quelque peu inquiète de notre Régénération et de notre retour à la vie, n'en
avait-elle pas déjà même pris ombrage?
N'avait-elle pas compris dès lors qu'il était
préférable de ne pas attendre notre com-
plet Relèvement? Mais n'en avait-elle pas
été empêchée par la Russie?

Non, la France n'était pas morte.

Elle renaissait même avec une étonnante rapidité, malgré ses dissensions intestines.

Et pourquoi? Uniquement, parce qu'elle avait un But.

Ce But, c'était de se mettre peu à peu en état de recueillir les deux Provinces perdues en 1870.

Il n'était pas un seul Parti Politique en France qui ne songeât à l'Alsace et à la Lorraine, même au lendemain de nos désastres, de même qu'il n'était pas un seul Alsacien ou Lorrain qui ne pensât au jour où il pourrait redevenir Français.

Et cet amour sincère, profond, n'eut besoin d'être ni exhorté, ni soutenu, tant il semblait naturel des deux côtés de la Moselle et des Vosges.

Ainsi, plus nombreuses devenaient les années qui nous séparaient du déchirement de 1870, plus s'accentuaient les regrets des Habitants de l'Alsace et de la Lorraine, plus on comptait de Jeunes Gens qui fuyaient le Reichsland pour venir s'enrôler sous le Drapeau Tricolore, quittant le Sol Natal, abandonnant leurs Familles, sacrifiant même sans hésiter leurs intérêts personnels, consentant à la confiscation de leurs biens et à l'Exil, plutôt que de servir dans les Rangs de ceux qui avaient combattu leurs Pères et terrassé la France.

Et, ce qu'il y avait de plus merveilleux dans l'accomplissement de ces témoignages d'un attachement aussi tenace, c'est que la France, surveillée comme elle l'était, se trouvait dans l'impossibilité de l'encourager. Elle s'abstenait de toute marque de sympathie, de gratitude, de joie, et pourtant les Enfants qu'elle avait perdus, qu'on lui avait violemment arrachés, revenaient à elle plus nombreux d'année en année.

L'Expédition de Tunisie, puis celle de Madagascar, enfin et surtout la Guerre du Tonkin, vinrent encore donner un nouvel essor à ces preuves d'affection. Les proportions de ce mouvement furent telles que l'on dut accroître les cadres de la Légion Etrangère afin d'incorporer tous les Alsaciens et tous les Lorrains qui sollicitaient l'honneur de combattre avec les Français.

Pendant que les Jeunes Gens d'Alsace et de Lorraine, ceux-là même qui n'étaient que des enfants en 1870, venaient en si grand nombre prendre du service en France, les Electeurs de ces deux Provinces envoyaient chaque année au Parlement de l'Empire d'Allemagne des Députés chargés de protester en leur nom contre la violence qui leur avait été faite par le Traité de Francfort.

C'est en vain qu'à chaque Election on mettait en branle le ban et l'arrière-ban des Allemands immigrés en Alsace et en Lorraine. C'est en vain que les Autorités Allemandes exerçaient sur les Habitants des deux Provinces la pression la plus éhontée. C'est en vain que l'on cherchait à jeter le trouble parmi ceux-ci en faisant naître ce que l'on appelait des candidatures autonomistes. C'est en vain que l'on multipliait les promesses et les menaces. C'est en vain que l'on traquait et que l'on expulsait ou que l'on emprisonnait les Hommes qui passaient pour être les Chefs de l'Opposition, c'est-à-dire du Parti Français. Les mêmes Noms sortaient des Urnes et ces choix avaient tous et toujours la même signification.

Depuis seize ans, chaque fois que l'Alsace et la Lorraine ont été consultées, elles ont répondu qu'elles réprouvent leur Annexion à l'Allemagne.

4

On sait dans quelles circonstances et dans quelles conditions le Gouvernement Impérial a dû faire appel de nouveau aux Electeurs de l'Empire, il y a quinze jours.

En 1880, le Reichstag avait consenti une sorte de contrat budgétaire et militaire qui fixait pour sept années, du 1er avril 1881 au 31 mars 1888, le chiffre des dépenses exigées par l'entretien de l'Armée.

Dès le mois de juin 1885, si l'on s'en rapporte à certain numéro de la *Gazette de Cologne* qui parut à cette époque, l'Autorité Militaire Allemande manifestait l'intention de présenter en 1886 un Projet de Loi portant renouvellement du Septennat.

Aucune raison n'était donnée pour cette Proposition anticipée.

Une année entière s'écoula d'ailleurs sans que l'on en parlât.

Le Projet fut subitement repris et présenté à la fin de l'an dernier.

Le Gouvernement demandait tout d'abord le renouvellement du Septennat, mais il voulait encore que ce nouveau contrat prît date à partir du 1ᵉʳ avril 1887 et non du 1ᵉʳ avril 1888 ; enfin, il exigeait que l'Effectif de l'Armée permanente fût porté de 427,000 Hommes de Troupe à 468,000, suivant la progression de la Population elle-même et conformément à la règle que l'Effectif doit être du centième de celle-ci.

Le Reichstag résista.

On entendit alors des discours qui étaient d'autant plus étranges que personne ne disait la vérité.

En fait, ce que voulait le vieil Empereur qui sent sa fin prochaine, c'était de laisser à son Fils une situation militaire bien établie. Il pensait que, lui vivant, il pourrait encore facilement obtenir par

son immense prestige, ce qu'à coup sûr
on refuserait à son Héritier.

Mais le Chancelier de l'Empire, le Ministre de la Guerre de Prusse et le Chef
du grand Etat-Major de Berlin ne pouvaient ainsi démasquer le mobile de leur
Projet. Ils se virent donc obligés, M. le
Prince de Bismarck, comme M. le Maréchal de Moltke et M. le Général Bronsart
de Schellendorf, de se replier sur des
considérations latérales au nombre des-
quelles ils firent figurer comme principal
argument la Force de la France ainsi que
ses aspirations, et aussi, mais d'une manière plus discrète, les Prétentions de la
Russie.

A peine les Chefs avaient-ils parlé que
la Meute de Journalistes Allemands et autres, qui est à la disposition du Chancelier
de Fer, donna de la gueule.

Ce fut un hurlement épouvantable, au
milieu duquel perçaient les sifflements des

Reptiles du « Bureau de l'Opinion Publique » de Berlin.

Quel était le but de ce débordement de haine contre notre Pays et d'injures contre nous ?

A coup sûr, on voulait effrayer les membres du Reichstag et obtenir un vote favorable du Parlement.

Mais on se proposait aussi un autre objectif. On espérait nous faire sortir de notre réserve et nous amener à quelque Acte qui nous eût acculés à une faiblesse ou à une folie.

La Campagne, on le sait, aboutit finalement à un double échec.

Le Reichstag refusa de voter le Projet qui lui était présenté, ou du moins ne l'accepta qu'en partie.

Quant à la France, elle ne sortit point de son attitude calme et réservée mais digne, seule réponse qu'il lui convenait d'opposer aux provocations furieuses venues de l'autre côté du Rhin.

Pour qui se souvenait des procédés gouvernementaux du Roi de Prusse, la dissolution du Reichstag n'était point douteuse.

Elle fut, en effet, prononcée séance tenante.

La Campagne Electorale s'ouvrit aussitôt.

On en connaît les divers incidents.

L'Empire avait en face de lui quatre Groupes principaux d'Adversaires : les Catholiques, les Progressistes, les Socialistes, les Protestataires d'Alsace, de Lorraine, de Danemarck et de Pologne.

Les Organes de Publicité inféodés à la Politique du Grand Chancelier posèrent d'abord en principe que le Vote du Septennat était une garantie de Paix.

On fit de ce Principe un Dogme, et, comme les Dogmes ne se discutent pas, la Presse qui prend ses inspirations au

« Bureau de l'Opinion Publique de Berlin »
eut pour consigne de soutenir cette Doc-
trine. Quant à en faire la démonstration,
elle s'en garda bien. Cela ne lui aurait
pas été facile, du reste, de prouver qu'une
augmentation d'Effectif, dont le plein effet
ne peut ressortir avant une période de
douze ans, dût être considérée comme une
Garantie de Paix immédiate.

Une fois le Principe établi, le Gouvernement de l'Allemagne, bien que prati-
quant une Religion qui en fait l'adver-
saire déclaré du Pape, eut recours aux
bons offices du Saint-Siège pour combattre
la résistance des Catholiques Allemands.
Ses humbles démarches furent couronnées
de succès. Le Souverain-Pontife se fit
'courtier électoral en Allemagne. L'Avenir
nous montrera bientôt sans doute les
conséquences de cette double faute, car il
convient de reconnaître que l'Empereur
et le Pape se sont bien gravement engagés

et compromis pour une affaire toute de circonstance.

Les Catholiques Allemands se sont divisés devant l'intervention du Vatican. Les uns ont passé outre. Les autres se sont conformés aux ordres qu'ils recevaient du Chef de leur Religion.

Le Gouvernement Impérial en a profité pour faire élire quelques-uns de ses Partisans à la place de ceux de ses Adversaires Religieux qui ont échoué ; ici, parce qu'ils avaient suivi les avis du Pape ; là, parce qu'ils n'en avaient pas tenu compte.

Le Parti des Progressistes ne répondait sans doute pas à l'Opinion moyenne des Electeurs Allemands, car il a été fortement atteint dans les dernières Elections, et sans que le Gouvernement ait eu à employer contre ses Candidats aucune Manœuvre.

Quant aux Socialistes, ils ont été traqués comme des bêtes fauves. On a dis-

persé leurs Réunions. On a déchiré leurs
affiches. On a emprisonné leurs Chefs.
On a expulsé ou éloigné leurs Candidats.
Mais, ils se sont comptés, et, aujourd'hui,
ils sont plus de 900,000. L'Armée de·la
Révolution Politique et Sociale est donc
toute prête en Allemagne.

Restaient les Protestataires, et parmi
ceux-ci, au premier rang, les Alsaciens
et les Lorrains. Les Danois ne forment,
en effet, qu'une quantité presque négli-
geable. Quant aux Polonais, non moins
dignes d'intérêt que les autres, et en nombre aussi considérable d'ailleurs, ils se
trouvent dans cette situation particulière
d'impuissance qu'a imposée aux Fils de
la vaillante et malheureuse Pologne son
partage entre la Russie, l'Autriche et la
Prusse.

Qu'allaient faire les Alsaciens et les
Lorrains?

Malgré les nombreux engagements contractés dans notre armée par des Jeunes Gens issus des deux Provinces annexées, on prétendait, depuis quelque temps, qu'en Alsace et en Lorraine l'acceptation tacite du nouvel état de choses créé par le Traité de Francfort avait recruté beaucoup d'adhérents.

On disait encore que le Stathalter, chargé d'administrer les deux Provinces depuis quelques mois, avait fait preuve d'une grande habileté.

On se rappelait que, lors du dernier voyage effectué par l'Empereur à Strasbourg, à l'occasion des grandes manœuvres exécutées en automne par les Troupes du XVᵉ Corps d'Armée Allemand, les Habitants de l'Alsace avaient accueilli avec enthousiasme le vieux Souverain.

On parlait même d'ovations chaleureuses faites par les Paysans venus tout exprès au chef-lieu du Reichsland.

Le Vote des Alsaciens et des Lorrains

avait donc aux yeux des Allemands, comme des Français, et pour toute l'Europe d'ailleurs, une importance exceptionnelle.

On ne s'y trompait point de l'autre côté du Rhin, et rien ne saurait mieux le prouver que la Proclamation adressée par M. le Prince de Hohenlohe, Stathalter d'Alsace-Lorraine, aux Electeurs.

Voici ce document :

« Alsaciens-Lorrains, les Elections du Parlement Allemand auront lieu le 21 février. En ma qualité d'Ami fidèle de ce Pays, je veux vous adresser quelques paroles bien intentionnées.

« Vous savez que le Parlement a été dissous, parce que la Majorité a repoussé la demande du Gouvernement, qui désirait que l'augmentation des dépenses militaires fût accordée pour sept ans à partir du 1er avril 1887, c'est-à-dire pour un Septennat.

« Le Gouvernement a présenté cette demande, parce que, d'après sa conviction, l'Empire Allemand sera menacé d'une Guerre, dès que la partie belliqueuse de la Nation Française pourra supposer que les Forces Militaires de la France sont supérieures à celles de l'Allemagne.

« Voulez-vous que l'Alsace-Lorraine soit de nouveau exposée aux horreurs d'une Guerre?

« Les Élections fournissent à chacun de vous l'occasion de collaborer à l'œuvre de Paix.

« Vous contribuerez à éclaircir la situation, à calmer les esprits, à assurer la Paix en élisant des Députés aux tendances calmes et conciliantes, qui acceptent sans réserves le Traité de Paix de 1871 et accordent à l'Empire Allemand les ressources nécessaires pour posséder d'une façon durable une forte Armée.

« Si, au contraire, vous envoyez au

Parlement des Partisans de la Protes͟a͟-
tibn et des Députés qui, sous des prétextes
futiles, repoussent les demandes motivées
que le Gouvernement fait dans l'intérêt
de la Défense de l'Empire, vous encour-
rez votre part de responsabilité si l'inquiétude ne diminue pas, s'il continue à cir-
culer des bruits très nuisibles aux affaires
et si la Paix est toujours menacée.

« Il peut arriver, dans quelques Cir-
conscriptions Electorales, que les Partisans de la Paix et du tranquille développement des institutions de l'Alsace-Lorraine ne parviennent pas, vu la pression
exercée sur eux par ceux qui les ont di-
rigés jusqu'à présent, à poser, d'ici au jour
du Scrutin, des Candidatures conformes
à leurs opinions. Dans ce cas, vous pour-
rez exprimer votre Opinion en déposant
dans l'Urne des Bulletins blancs. On
pourra de cette manière reconnaître les
sentiments du Pays.

5

« Encore une fois, songez à votre amour pour votre Patrie, l'Alsace-Lorraine. Sachez que la réunion de ces anciens Territoires Allemands à l'Empire d'Allemagne est irrévocable ; elle ne pourra cesser qu'avec l'existence même de l'Empire d'Allemagne. Et n'écoutez, pendant ces journées décisives pour l'Empire, que ce que vous dicteront votre conscience, votre raison et votre amour pour le Sol Natal, pour vos Familles et pour vos biens. »

Ce Manifeste, on peut le remarquer, avait beaucoup plutôt le caractère d'une sollicitation et d'une prière que d'une injonction. Il n'y était pas même fait appel à l'affection des Alsaciens et des Lorrains pour l'Empire Allemand.

Non. On leur disait simplement :

« Vous êtes menacés d'une Guerre de la France contre l'Allemagne. Cette Guerre pourrait se faire dans votre Pays.

Rendez l'Allemagne assez puissante pour que la France n'ose point l'attaquer. »

Pour les exhorter d'ailleurs à voter dans le sens qu'on leur indiquait, la Presse Allemande d'Alsace et de Lorraine vomissait tout son venin contre la France, tandis que les Fonctionnaires Allemands du Reichsland procédaient à l'expulsion de tous les Français venus dans leurs Familles et à l'arrestation des Alsaciens-Lorrains soupçonnés d'être demeurés fidèles à la France.

Les Agents du Chancelier et du Stathalter allaient même, dans leur zèle affolé, jusqu'à faire disparaître la moindre trace de ce qui pouvait rappeler de loin ou de près cette France abhorrée.

C'est ainsi qu'ils défendaient aux inoffensifs Sapeurs-Pompiers de faire usage de la Langue Française dans leurs commandements, cette Langue étant considérée comme incendiaire.

C'est encore ainsi qu'ils interdisaient

tout morceau de Musique, toute Sonnerie de Clairon ou de Trompette, toute Batterie de Tambour, qui rappelât les Airs ou les Refrains Français.

Qu'ont répondu les Electeurs Alsaciens et Lorrains ?

Au nombre de plus de 100,000, ils ont envoyé au Reichstag 15 Députés Protestataires.

Et il n'y a pas eu la moindre défection dans cette superbe Manifestation qui disait hardiment à l'Allemagne :

« Vous nous avez pris malgré nous. Vous nous retenez malgré nous. Nous ne voulons pas être Allemands. Vous nous affirmez qu'une Guerre va éclater si nous votons contre votre Gouvernement et que cette Guerre nous ruinera. Eh bien, nous aimons mieux courir les risques d'une Guerre qui nous rendra peut-être à la France ! »

Telle est la déclaration très nette et très ferme des Alsaciens et des Lorrains.

Jadis, les Peuples réduits en Esclavage par leurs Vainqueurs n'avaient d'autre ressource que le Complot et l'Insurrection pour protester contre leur Asservissement et pour chercher à reconquérir leur Liberté.

Aujourd'hui, ils ont le Bulletin de Vote. C'est leur Arme et ils s'en servent.

L'attitude prise par l'Alsace-Lorraine dans cette Campagne Electorale qui a eu le caractère d'un véritable Plébiscite fait, du sort de ces deux Provinces, une Question capitale de Droit Moderne, non point seulement pour la France, mais pour l'Allemagne et pour l'Europe entière.

Un Journal, que l'on donne comme l'Organe inspiré, si ce n'est autorisé, par le Gouvernement Russe, disait, après avoir appris le résultat des Elections Allemandes du 21 février, que l'intérêt de la Crise Européenne actuelle se trouve plutôt dans l'Europe Occidentale que dans l'Europe Orientale. Cela n'est pas douteux.

Il ne semble pas que la Presse Française se soit suffisamment préoccupée de cette Question.

Assurément, elle n'a pas hésité à payer son juste tribut d'admiration, de reconnaissance et d'affection à la Fidélité inébranlable de l'Alsace-Lorraine.

Mais le silence s'est fait aussitôt ; il semble que les Publicistes Français aient tenu à s'abstenir soigneusement d'étudier la situation toute particulière où la Protestation énergique des Alsaciens-Lorrains met notre Pays.

Cela nous paraît d'autant plus étrange que la Question de l'Alsace-Lorraine se dresse au seuil de l'Avenir comme un formidable Point d'Interrogation, et que, quand même nous ne voudrions pas l'a-

percevoir, l'Allemagne a de tout autres
raisons pour ne pas en détourner ses
regards.

Croit-on que ce Vote des Alsaciens-
Lorrains, qui nous a été si doux, n'ait
pas été d'autant plus cruel pour les Allemands ? S'imagine-t-on par hasard que
ceux-ci vont rester inactifs devant cette
Démonstration hostile ?

Que vont-ils faire ? nous n'avons point
la prétention de le dire. Nous ne songeons
même pas à le deviner, car ils n'en savent
peut-être rien eux-mêmes, et leurs hési-
tations passées nous permettent cette
hypothèse.

Se montreront-ils plus cléments ? Cela
n'est pas probable, car le tempérament et
le caractère du Gouvernement Impérial s'y oppose. Comment d'ailleurs se
manifesterait leur bienveillance ? Serait-
ce au point de vue des Intérêts ou des
Idées ? De ces deux considérations, la

première nous paraît avoir peu d'importance pour les Alsaciens et les Lorrains, car s'ils s'acharnent tant à témoigner leurs préférences pour notre Pays, ce n'est pas à coup sûr avec l'espoir de trouver en France une situation matérielle supérieure à celles qu'ils possèdent en Allemagne, puisque le Service militaire n'est pas moins lourd chez nous que chez nos Voisins, tandis que le Français paie plus d'impôts que l'Allemand. Reste donc la situation morale. En dehors des vieux souvenirs qui rattachent l'Alsace et la Lorraine à la France, il n'est pas douteux que les Habitants de ces deux Provinces, dont les sentiments libéraux sont connus, voient encore s'accroître leur affection pour notre Pays en raison du régime de Liberté et d'Égalité qui règne en France. Ce n'est pas à coup sûr que l'Allemand soit privé de toute Indépendance. Non, mais il ne jouit de ce précieux bien que dans les limites du domaine fort étroit que laisse aux Classes Inférieures le Régime Féodal de l'Empire d'Allemagne. Dans notre République, tous les Citoyens peuvent se prétendre égaux entre eux et se considérer comme tels, si grandes que soient les différences de fortune et de caste. De l'autre côté du Rhin, il est absolument interdit à un Homme de basse ou moyenne extraction d'arriver à une haute situation, s'il n'appartient point à la Noblesse. Dans l'Armée, s'il est quelques Officiers d'une mérite transcendant qui parviennent aux grades les plus élevés de la Hiérarchie militaire, on les anoblit toujours au préalable. Dans les Fonctions Civiles, le même principe est appliqué, du moins pour la Carrière Diplomatique, la seule qui possède quelque considération et quelque prestige, car les autres Emplois Publics ne jouissent d'aucun crédit, le Militarisme ayant pris une si grande prépondérance que, dans les Préséances à la Cour de Prusse, les Officiers supérieurs prennent rang avant les membres de la Chambre des Seigneurs et de la Chambre des Députés, même avant le Premier Bourgmestre de Berlin, dont la population est maintenant entre 1,300,000 et 1,400,000 Habitants.

La situation de l'Alsace et de la Lorraine mérite donc toute notre attention.

Quelles en sont les Solutions, nous ne dirons pas probables, mais possibles ?

Le Gouvernement Impérial allemand a devant lui les suivantes, semble-t-il :

1° Il peut accentuer et aggraver encore le régime d'exception qu'il a imposé depuis seize ans aux Alsaciens et aux Lorrains.

2° Il peut proposer l'Autonomie et la Neutralité de l'Alsace et de la Lorraine.

3° Il peut rétrocéder à la France la Lorraine et Metz.

4° Il peut enfin nous restituer l'Alsace et la Lorraine.

5° Il peut enfin recourir à un Plébiciste.

Examinons une à une ces dernières Propositions.

1° **Régime d'exception.** Depuis que les Elections Protestataires sont connues, la Presse Allemande a gardé le silence.

Son attitude nous prouve que la déception a été profonde en Allemagne.

C'est à peine si, aujourd'hui, deux semaines après la Journée du 21 Février, quelques Journaux se permettent d'étudier et d'escompter les conséquences de cette explosion de sentiments Français à Metz comme à Strasbourg, à Mulhouse et à Colmar, dans les petites villes, ainsi que dans la campagne.

L'Alsace et la Lorraine ne se germanisent point.

Il serait peut-être plus exact de dire qu'elles se montrent absolument réfractaires à la Prussification, car, en fait, ce n'est pas l'Allemagne qui domine en Alsace et en Lorraine, mais bien la Prusse.

Or, il y a antipathie complète entre le Prussien et le Lorrain et l'Alsacien.

Nous tenons à présenter cette observation au passage, car nous voulons y ajouter cette opinion, — qui est, croyons-nous, celle de beaucoup de Français, — que nous pourrions vivre en parfait accord avec une Allemagne unie, mais non agressive, et qui consentirait à repasser le Rhin. En un mot, ce n'est pas l'Unité de l'Allemagne que nous redoutons ou que nous repoussons, mais uniquement la suprématie autoritaire, l'Hégémonie tyrannique de la Prusse sur l'Empire Allemand, et la présence des Soldats

Prussiens sur la rive gauche du Fleuve Franco-Germain. Les Allemands peuvent prétendre, à tort il est vrai, mais enfin ils peuvent soutenir que l'Alsace et la Lorraine, leur ayant appartenu jadis, doivent leur appartenir encore. Mais nous ne voyons pas en vertu de quels Droits Historiques le Roi de Prusse, dont le Royaume a son berceau au delà de la Vistule, prétend au droit de tenir Garnison à Strasbourg et le refuse à la France !

Pour l'Alsacien, comme pour le Lorrain, le Prussien, qui personnifie forcément l'Allemand, est donc, non seulement un Etranger, mais même un Ennemi.

Il n'y a rien de commun entre les Annexés et leurs Maîtres ; je ne puis dire, et leurs nouveaux Compatriotes, d'abord, parce qu'il n'y a pas Unité de Race entre les uns et les autres, ensuite, parce que les Prussiens n'ont jamais considéré, jusqu'ici du moins, les deux Provinces

conquises sur la France comme ayant en
Allemagne les mêmes prérogatives que
les autres Royaumes, Duchés ou Princi-
pautés de l'Empire Allemand, mais bien
comme un Etat qu'il leur était loisible
d'exploiter et de terroriser à leur guise.

Les Prussiens ont donc commis une
grossière erreur, quand ils ont cru qu'il
leur suffirait de quelques années de présence en Alsace et en Lorraine pour faire
naître chez les Populations de ces deux
Provinces la renonciation à la France et
l'attachement à l'Allemagne.

Mais, si les Prussiens se sont mépris,
il faut reconnaître que M. de Bismarck
ne s'est pas moins trompé le jour où il a
cru que, pour affaiblir la France, il lui suffisait de prendre les clefs de notre Maison.

La faute devait engendrer de déplo-
rables conséquences, tout autant pour
l'Allemagne que pour la France.

Ce sentiment, d'autres l'ont exprimé

depuis longtemps, même des Etrangers.

Voici ce que l'un d'eux disait à ce sujet il y a quelques années :

« Pour juger l'Annexion de l'Alsace-Lorraine, je ne veux pas seulement parler du mépris que l'on a professé à l'égard du droit qu'ont les Peuples de disposer d'eux-mêmes, ni de l'argument misérable tiré des Droits Historiques et de l'Origine des Habitants : ce dernier argument aurait, du reste, pour conséquence logique la perte pour la Prusse de la plupart de ses Provinces, à la première Guerre malheureuse qu'elle entreprendrait. Mais, ce que je vois de plus funeste dans cette faute énorme, c'est que le Peuple Allemand étant arrivé, après des victoires inouïes, au faîte de la puissance, ait manqué l'occasion unique, le moment à jamais évanoui de s'assurer, avec le premier rang dans le Concert Européen, une Paix peut-

être perpétuelle, en se montrant fort,
prudent, généreux; en renonçant à l'annexion d'un Pays qui ne voulait pas être
enlevé à sa Mère-Patrie; en bornant ses
exigences à une Contribution de Guerre
de quelques Milliards, au Démantèlement
de toutes les Forteresses de la Frontière
de l'Est et à la Réduction de l'Armée sur
le Pied de Paix. C'était la seule manière
pratique d'arriver au Désarmement. »

Oui, la faute commise par M. le Prince
de Bismarck a été énorme, car, non
seulement il violait le Droit des Gens,
non seulement il infligeait à la France une
Humiliation que celle-ci ne pouvait oublier,
non seulement il entendait traiter comme
des Allemands de Race inférieure ces
braves Enfants de la Lorraine et de l'Alsace qui avaient toujours possédé en
France des Droits égaux à tous leurs
Concitoyens, mais encore il créait en Eu-

rope un état de Paix Armée dont les suites
ne peuvent qu'être funestes aux deux
Pays, à la Civilisation et à l'Humanité.

Le Grand Chancelier s'en rend bien
compte aujourd'hui.

La preuve en est qu'il rejette sur les
exigences du Parti Militaire Allemand
l'enlèvement de Metz à la France. Il vou-
drait faire croire qu'il a eu la main forcée,
qu'il a été contraint de demander plus
qu'il ne s'était proposé de nous prendre.
Mais la situation serait absolument la
même s'il n'avait annexé que l'Alsace à
l'Allemagne. Au surplus, nous avons démontré par des témoignages irréfutables
empruntés à son Historiographe et qui
ont été livrés à la Publicité avec son autorisation, qu'en 1870 il convoitait, même
avant Sedan, l'occupation des deux Provinces et qu'en 1879 il trouvait cette
spoliation aussi légitime qu'habilé.

Il est vrai qu'à cette dernière date,

M. de Bismarck pouvait se considérer comme l'Arbitre suprême des Destinées de l'Europe et même du Monde entier. L'attention des Grandes Puissances était d'ailleurs sollicitée par les Evénements d'Orient. Quant à la France, elle paraissait se débattre encore dans le Néant : en fait, on la comptait pour peu, et même pour rien.

Mais, dans ces huit dernières années, les conditions de l'Equilibre Européen se sont notamment modifiées, et la France, en particulier, a prouvé qu'elle avait le droit de reprendre son rang de Grande Puissance.

On en a eu peu à peu le sentiment au-delà du Rhin et des Alpes, comme de l'autre côté de la Manche et des Pyrénées.

En même temps que nous nous ressaisissions, nous conservions cependant notre attitude calme mais digne, modeste mais fière.

Les Gouvernements Étrangers ont compris qu'il y avait dans cette attitude même l'indice d'une réelle Force et d'une inébranlable confiance.

L'Allemagne elle-même, qui nous méprisait si profondément après notre défaite de 1870, s'en est émue, et, comme partout, on a vu l'Opinion Publique s'exagérer en Allemagne le développement de nos Forces Nationales après qu'on les avait trop longtemps méprisées.

M. le Prince de Bismarck s'est fait lui-même l'écho de cette exagération au Reichstag quand il lui a fallu prendre la parole pour défendre et justifier le Projet du Gouvernement Impérial sur le Septennat Militaire.

Il est allé, dans cette Campagne, bien au delà du but qu'il s'était assigné.

Alors qu'il ne s'agissait que d'exercer une pression sur l'esprit des Membres du Parlement, il en est arrivé à repré-

senter la France non plus comme une
Menace plus ou moins éloignée, mais
comme un Danger.

Si cette Manœuvre Electorale pouvait
réussir sur les Electeurs qui estiment que
le vrai bonheur des Allemands est d'appartenir à un Empire belliqueux et conqué-
rant, il est de toute évidence qu'elle devait
arriver à un résultat tout contraire sur
les Electeurs qui protestent contre leur
rattachement à cet Empire.

C'est ainsi que le Grand Chancelier,
par une nouvelle faute, a amené les Elections Protestataires de l'Alsace et de
la Lorraine, qui ont eu par leur signification beaucoup plus d'effet en Allemagne, en France et en Europe même
que le succès presque certain du Septennat.

Le caractère du Vote de la Majorité des
Alsaciens et des Lorrains n'est douteux
pour personne. Il prouve que, si la Guerre

éclatait entre l'Allemagne et la France,
les Habitants des deux Provinces annexées
ont dès à présent assez de confiance dans
la bravoure de nos Troupes et dans
l'habileté de nos Généraux.

Les mesures d'exception que l'Empire
va prendre contre les Alsaciens et les
Lorrains ne pourront détruire l'effet produit, car il a été immense.

Parmi ces mesures tyranniques, il n'en
est qu'une, au surplus, qui ait quelque
importance actuellement.

C'est la suppression du Bulletin de
Vote.

Ce Bulletin est la seule Arme que possèdent et que doivent employer aujour-
d'hui les Populations qui ne veulent
recourir ni à la Violence, ni à la Rébel-
lion, ni à la Révolution pour faire valoir
leurs Droits.

Si on leur enlève cette Arme, il est certain que, par là même, on les traite en

Esclaves, en Parias, et par conséquent on peut s'attendre à toutes les explosions de la haine contenue.

L'Alsace et la Lorraine, même étant mises hors la Loi par un Acte despotique de l'Empereur d'Allemagne, seraient-elles moins gênantes et moins redoutables pour l'Unité de l'Empire?

Nous ne le pensons pas.

Outre que ce traitement serait indigne, puisqu'il priverait des Hommes Libres du plus précieux de leurs Droits, il semble que cette oppression ne serait pas peu dangereuse, puisqu'elle engendrerait toutes les résistances des Peuples conquis et asservis.

Nous ne croyons pas que le Chancelier de Fer s'y décide, car ce serait ajouter une nouvelle faute à toutes celles qu'il a déjà commises dans cette Question de l'Alsace-Lorraine que le nouvel Empire traîne après lui comme un boulet.

La violence n'a jamais réussi.

Sans doute, elle maintient pendant quelque temps les Aspirations des Peuples qui la subissent.

Mais, au premier incident, ces Aspirations se manifestent avec une énergie d'autant plus formidable qu'elles ont été plus longtemps et plus rigoureusement contenues.

2° **Autonomie et Neutralité.** — Après avoir examiné les dangers d'un régime d'exception qui enlèverait aux Populations de l'Alsace et de la Lorraine les quelques rares libertés qu'elles possèdent encore et qui les mettrait, par la privation du Bulletin de Vote, dans une situation inférieure à celle des autres Sujéts de l'Empire d'Allemagne, il est logique d'envisager l'éventualité et les conséquences du système opposé.

Il pourra sembler paradoxal que nous admettions même un seul instant une hypothèse qui répond si peu à l'état actuel des choses en Allemagne et dans les deux Provinces annexées.

Mais, dans cette étude, il importe de ne laisser de côté aucune supposition, quelque invraisemblable qu'elle puisse paraître.

Au surplus, nous ne prétendons nullement que la Constitution de l'Autonomie de l'Alsace et de la Lorraine, complétée par leur Neutralité, soit à la veille de se réaliser. Nous ne nous occupons pas, en ce moment, que d'une Question d'actualité. Nous devons aussi porter nos méditations sur l'Avenir. Le Passé est d'ailleurs là pour nous autoriser à affirmer qu'il ne s'agit ponit ici d'un projet en l'air.

M. le Prince de Bismarck n'a-t-il point dit quelque part, dans les premiers jours de la campagne de 1870 :

« Mon Idéal serait de former, entre
la Belgique et la Suisse, une sorte de
Colonie Allemande, un Etat Neutre de
huit à dix millions d'Habitants où il n'y
aurait pas de Conscription et dont les
Impôts passeraient dans les Caisses de
l'Allemagne, du moins ceux qui ne seraient point dépensés à l'Intérieur. La
France perdrait de cette façon les Con-
trées d'où viennent ses meilleurs Soldats,
et, à l'avenir, elle ne pourrait plus être
nuisible. »

La Proposition ainsi formulée n'est
point, nous nous hâtons de le déclarer,
de celles qu'il soit facile de réaliser.

Ainsi conçue, elle est mort-née.

Nous ne voyons pas bien, en effet, que,
dans notre vieille Europe, une Population
libre, de huit à dix millions d'Habitants,
puisse consentir longtemps à rester tri-
butaire d'un Etat voisin,

6

Mais cette considération, au cas où elle ne serait accompagnée d'aucune autre objection, ne nous paraît pas de nature à entraîner la renonciation absolue à la réalisation de l'Idéal de M. le Prince de Bismarck.

Le Grand Chancelier s'est d'ailleurs trompé en déclarant que la formation d'une Alsace-Lorraine autonome et neutre priverait la France de ses meilleurs Soldats. Il est vrai qu'il émettait cette Opinion avant la Guerre de 1870. Mais il aurait dû se rappeler que la plupart des Alsaciens et des Lorrains, qui étaient antérieurement au service dans les Rangs de l'Armée Française, y entraient par Engagement volontaire ou y restaient par Rengagement. Depuis lors, il a dû apprendre que les Fils de ces vieux et loyaux Serviteurs de la France y sont venus en grand nombre. A coup sûr, rien ne les y contraignait. Leurs intérêts leur conseillaient, au contraire, de ne pas franchir la Frontière pour venir s'enrôler sous nos Drapeaux, puisqu'ils courent, en agissant ainsi, le risque de condamnations rigoureuses et s'interdisent le droit de retourner dans leur Pays. Il est donc assez probable que le nombre de ces Soldats Français volontaires augmenterait considérablement s'ils avaient le droit de servir dans notre Armée sans avoir à subir aucun des inconvénients que leur réserve la Législation allemande actuelle.

S'il est donc certain que, malgré la déclaration de l'Autonomie et de la Neutralité de l'Alsace et de la Lorraine, ces deux Provinces continueraient à doter l'Armée Française d'excellents Soldats, Sous-Officiers et Officiers, comme par le passé, il est non moins probable que les Alsaciens et les Lorrains ne consentiraient pas volontiers à payer longtemps un Tribut à l'Empire d'Allemagne, comme nous l'avons déjà fait remarquer plus haut, ce qui nous autorise à reléguer l'Idéal de M. le Prince de Bismarck au rang des conceptions enfantées par l'utopie ou la fantaisie. Nous comprenons parfaitement que le Grand Chancelier soit embarrassé de sa conquête, mais, en vérité, il lui était difficile d'en trouver un placement à la fois plus étrange et plus problématique.

Est-ce à dire que cependant tout soit à rejeter dans cette Proposition, en l'analysant au point de vue de l'Allemagne?

Nous ne le pensons pas.

Qu'on le remarque bien, la France serait placée dans une assez singulière situation si l'Alsace et la Lorraine étaient déclarées Autonomes et Neutres.

Nous aurions alors sur notre Frontière Nord-Est, depuis le Pas-de-Calais jusqu'aux Alpes, trois Etats Neutres, la Belgique, l'Alsace-Lorraine et la Suisse : notre Frontière des Alpes serait donc notre seul débouché vers le Centre de l'Europe. Or, ce débouché, nous ne pourrions le pratiquer ni moralement, ni matériellement. En effet, c'est une Impasse stratégique d'une part. D'autre part, nous sommes au nombre de ceux qui considéreraient une lutte ʔavec l'Italie comme une Guerre Civile.

Ainsi qu'on le voit, la déclaration de la Neutralité de l'Alsace et de la Lorraine nous séparerait donc complètement de l'Europe, et la France serait à peu près aussi isolée que l'Angleterre, car ce que nous venons de dire pour l'Italie et les Alpes, nous l'appliquons également à l'Espagne et aux Pyrénée

Que ferions-nous alors ?

Chercherions-nous à lutter d'influence avec l'Allemagne en Belgique, en Lorraine, en Alsace et en Suisse, afin de ne pas perdre toute Action sur les Evénements de l'Europe Centrale? Tenterions-

6.

nous, par exemple, de créer l'Union des Races Latines en englobant ces divers Etats dans une Union Douanière qui comprendrait, en outre, la Grèce, l'Italie, l'Espagne, le Portugal, et qui s'étendrait sur toute la périphérie de la Méditerranée par l'adjonction de nos Possessions Africaines?

Ou bien, rassurés sur l'Inviolabilité morale et matérielle de nos Frontières Continentales, porterions-nous nos efforts sur le développement de notre Commerce Extérieur et nous déciderions-nous à devenir une Puissance exclusivement Maritime par l'extension de notre Empire Colonial?

De ces deux déterminations, la première ne serait pas sans inconvénient pour l'Allemagne, qui verrait ainsi se dresser une Alliance de cent millions de Latins en présence des cinquante millions de Germains qui se trouvent au centre de l'Europe, déjà serrés et menacés sur l'autre flanc par les cent millions de Slaves, et qui, par le fait même de la Neutralité de la Belgique, de la Lorraine, de l'Alsace et de la Suisse, n'auraient plus d'autre théâtre d'opérations que le Bassin du Pô où ils se trouveraient en présence des Forces réunies de l'Union Latine.

Dans la seconde hypothèse, la France deviendrait immédiatement la Rivale de l'Angleterre et une Rivale redoutable, puisque nous n'aurions plus aucune inquiétude sur nos Frontières de terre et que cette Puissance ne pourrait soudoyer sur le Continent aucun Etat capable de nous détourner de nos entreprises d'Outre-Mer. Il est vrai que, par les progrès de notre Marine Marchande, nous ne serions pas sans faire également à l'Allemagne une concurrence des plus sérieuses pour son Commerce d'Exportation qu'elle a tant cherché à développer dans ces dernières années.

A tout bien considérer donc, l'Idéal du

Grand Chancelier ne semble pas être une
expérience que l'Allemagne ait quelque
profit à tenter.

Ne serait-ce pas enfin un retour vers
une organisation contre laquelle nous
avons lutté pendant des Siècles, et n'est-
il pas à supposer que, par la résurrec-
tion même de cet Etat Autonome et
Neutre, l'Allemagne et la France recom-
mencent leurs Guerres du Passé, jusqu'au
jour où celle-ci aura regagné la rive
gauche du Rhin qui lui appartient his-
toriquement et géographiquement. ?

Ne comprendra-t-on donc jamais en
Europe qu'il ne peut y avoir d'Equilibre
qu'à la condition absolue que la France domine sur la rive gauche du fleuve, même
par une Constitution fédérative englobant
les autres Etats de la Région Gauloise,
comme l'Allemagne sur la rive droite!

3° Rétrocession de la Lorraine. — La

déclaration faite par M. le Prince de Bismarck au Reichstag dans la Séance du 14 Janvier 1887 a donné lieu de penser qu'il se débarrasserait volontiers de la Lorraine et de Metz.

Malheureusement, ceux qui ont attribué quelque importance à cette Déclaration, ignoraient que le Grand Chancelier avait jadis exprimé une Opinion diamétralement opposée à celle qu'il professe aujourd'hui. Nous avons donné plus haut la preuve de cette contradiction flagrante, en la lui empruntant.

Etait-ce par défaut de mémoire qu'il se démentait ainsi?

Ou avait-il recours à une erreur voulue à titre d'argument de tribune?

Nous ne rechercherons pas le mobile de M. le Prince de Bismarck dans cette occurrence.

Il nous paraît suffisant de constater et de préciser le fait.

Dans les deux cas, on reconnaîtra avec nous qu'il était bien difficile d'en conclure que le Grand Chancelier ait cherché en aucune façon à laisser croire qu'il rétrocéderait volontiers Metz et la Lorraine Allemande à la France.

On raconte à la vérité qu'il aurait jadis exprimé cet avis qu'il comprenait combien la perte de cette Ville dût être pénible pour les Français.

Mais n'a-t-il pas dit aussi que la Forteresse Allemande de Metz se dresse comme « la gueule d'un canon chargé contre le flanc de la France. »

N'est-ce pas d'ailleurs la coutume de cet Homme d'État de professer et d'exprimer souvent deux opinions absolument opposées sur le même principe et sur le même Fait?

Sa brutale franchise n'est-elle pas plus calculée et plus redoutable qu'une perfide dissimulation?

Dans la circonstance présente, pouvait-on ajouter la moindre croyance à ce qu'il disait de sa résistance à la pression du Parti Militaire Allemand pour le rattachement de Metz à l'Empire?

Nous ne le pensons pas.

En admettant que, par impossible, il consentît à restituer cette Ville à la France, pourrions-nous en accepter la Rétrocession? Ne nous trouverions-nous pas engagés par là même à reconnaître publiquement comme valable et définitive l'Annexion de l'Alsace à l'Allemagne?

La Proposition ne serait-elle pas un piège?

Oh! nous n'ignorons pas qu'à toutes ces questions, les Français qui espèrent retourner à Metz et à Strasbourg sans coup férir, répondent que nous n'aurions qu'à accepter Metz tout d'abord, et que nous verrions dans l'Avenir pour le reste.

Mais, répondre ainsi, c'est tout simplement éluder les difficultés.

A un Problème aussi grave que la Question de l'Alsace et de la Lorraine, il faut une Solution nette, précise, catégorique.

Celle-ci serait une Solution équivoque.

Nous ne l'avons signalée que parce que nous l'avons entendu formuler.

Nous ne nous y arrêterons pas.

4° **Restitution de l'Alsace et de la Lorraine.** — En nous prenant l'Alsace et la Lorraine et en ne soulevant aucune objection sur la Forme du Gouvernement avec lequel il signait le Traité de Francfort, on peut affirmer que M. le Prince de Bismarck a sauvé notre pays de la Décadence finale.

Si, au lieu de mettre Garnison Allemande à Metz et à Strasbourg, il avait fait raser ces deux Places Fortes, s'il avait ensuite exigé pour notre Armée permanente un Minimum d'Effectif, s'il avait enfin imposé à la France un Gouvernement Monarchique quel qu'il fût, Empire ou Royauté, on peut dire que nous étions perdus sans rémission.

Après avoir subi ces conditions de Paix, jamais l'Armée n'aurait pu reprendre en France le prestige qu'elle a acquis depuis 1870, prestige qui, malgré nos désastres dans la Guerre contre l'Allemagne, est à la fois beaucoup plus grand et beaucoup plus facilement subi par la Population Française qu'auparavant, même par la partie de la Population qui. est notoirement antipathique à la suprématie de la Force.

L'obligation qui nous aurait été imposée de ne plus posséder qu'un faible Effectif sur le Pied de Paix aurait entraîné tout naturellement l'adoption d'Institutions Militaires de second ordre, de celles

qui se pratiquent dans les États Neutres,
par exemple. Jamais nous n'aurions possédé le système du Service obligatoire et
personnel, ni les appels des Réservistes
et des Territoriaux, c'est-à-dire les principaux éléments de notre Régénération
morale par l'Armée.

Nous nous serions trouvés, en outre,
devant un Gouvernement d'autant plus
abhorré, — quel que pût être d'ailleurs
son mérite, — qu'il nous aurait été imposé par l'Ennemi avec des conditions de
Paix humiliantes.

La Guerre civile aurait aussitôt éclaté.

Un Roi, ramené à la suite de nos désastres, ou un Empereur, replacé sur son
Trône par le Vainqueur, n'aurait pu
résister aux formidables assauts que lui
auraient livrés ses Adversaires Politiques.

La Monarchie, quelle qu'elle fût, aurait été brisée, et la France se serait
trouvée en présence d'une République

non moins impuissante au dedans qu'au
dehors. Les Partis hostiles se seraient
disputé le Pouvoir dans des luttes d'autant plus longues et sanglantes que l'Armée aurait été elle-même trop faible pour
les réprimer. Ces dissensions intestines
se seraient étendues de Paris aux princi-
pales Villes de la France. Nous aurions
eu des Ligues régionales, et la République, devenant Fédérative, aurait fait
franchir à la France sa dernière Étape
vers la Ruine ou vers la Dictature.

En nous prenant l'Alsace et la Lorraine,
l'Allemagne a donné un But patriotique
à nos efforts et à nos aspirations.

C'est ainsi que nous avons été amenés
à placer l'Armée en dehors de nos que-
relles intérieures et que, par cette grande
et noble Institution, nous sommes arrivés
à la Régénération.

Si le profit que nous avons su tirer
de cette spoliation est incontestable, nous

ne voyons pas du tout, au contraire, les bénéfices que l'Allemagne en a obtenus.

Notre puissant Voisin s'était proposé par là de nous affaiblir militairement.

Loin de nous affaiblir, il nous a amenés à tripler nos Forces.

Nous ne pouvions pas mettre plus de un million d'Hommes en ligne, avant la Guerre de 1870, et même la moitié n'avait-elle aucune instruction militaire.

Aujourd'hui, nous disposons de trois millions de Combattants, dont les deux tiers possèdent une instruction militaire complète, et dont l'autre tiers ne serait pas absolument étranger à l'Armée au cas d'une Mobilisation.

Ce gigantesque résultat a été obtenu sans difficultés parce que nous étions des Vaincus.

Quant aux Vainqueurs, ils se sont vus dans la nécessité d'augmenter aussi leurs Forces, au lieu de les diminuer.

Avant la Guerre de 1870, l'Allemagne n'avait pas plus de 368.000 Hommes sous les Drapeaux. Aujourd'hui l'Effectif permanent s'élève à 468.000 Allemands, sans compter les Officiers, les Gendarmes, les Volontaires d'un an, les Réservistes du recrutement, ce qui porte le total à 500.000 Hommes au moins.

Cette majoration de plus de 100.000 Soldats, à quoi est-elle due?

Uniquement à ce qu'après sa victoire de 1870, l'Allemagne a voulu garder l'Alsace et la Lorraine.

Cette occupation par la violence, qui ne faisait que compléter le système déjà suivi en 1866, a mis sur leurs gardes toutes les Puissances voisines de la Prusse. Elles ont été amenées à cette conclusion qu'il n'y avait de sécurité pour leur Intégrité Territoriale que dans le développement de la Force, et elles ont ainsi peu à peu établi un régime de Paix armée qui absorbe aujourd'hui une forte partie des revenus des Etats Européens.

En France, les sacrifices en hommes et en argent ont été subis sans protestation, sans murmure, avec enthousiasme même, parce que nous avions un But, une Espérance.

Mais, en Allemagne, la situation est tout autre.

On avait promis aux Allemands qu'après la Guerre contre la France, leurs charges militaires seraient diminuées : du moins, ils en nourrissaient la douce illusion.

Ils n'ont pas tardé à reconnaître leur erreur.

Non seulement ces charges n'ont pas été allégées, mais encore elles ont été aggravées.

Et pourquoi?

Est-ce en vue de protéger l'Allemagne? Personne ne la menace, répondent-ils.

Ou bien a-t-on le projet de quelque

nouvelle conquête? « A quoi bon, ripostent-ils : Nous ne pouvons pas cependant encore nous faire casser la tête pour procurer à l'Empire près de six milliards dont nous n'avons pas reçu un pfenning ; non, nous ne voulons plus faire tuer nos Fils pour arriver à doter le Chancelier de cinq millions, le Chef du Grand Etat-Major d'un million, les autres principaux Généraux d'un demi-million, ni pour augmenter les appointements d'activité et les pensions de retraite des Officiers. »

C'est de cette résistance opposée par le Peuple aux exigences toujours croissantes du Militarisme qu'est né le Socialisme Allemand.

Aujourd'hui les Socialistes sont au nombre de plus de 900.000 en Allemagne.

On compte d'autre part 100.000 Protestataires en Alsace et en Lorraine, autant en Pologne, en Danemarck et en Hanovre.

La Loi Militaire ayant son plein effet jusqu'à l'âge de 42 ans, et la Loi Electorale donnant la libre disposition du Bulletin de Vote à partir de l'âge de 25 ans, on voit qu'en établissant la balance entre le nombre de Socialistes et de Protestataires au-dessous de 25 ans et au-dessus de 42 ans, il n'y a aucune exagération à évaluer à un million le nombre des Hommes qui seraient mobilisés en cas de Guerre dans l'Armée, dans la Landwehr ou dans le Landsturm, et qui désapprouvent à l'avance les intentions belliqueuses du Gouvernement Impérial Allemand.

Une Armée qui compte d'aussi nombreux et d'aussi redoutables ferments de discorde n'est plus à craindre pour l'Ennemi. Elle porte en elle-même les germes de sa défaite et de sa décomposition.

Cette situation mérite d'être connue en France.

Il est assez vraisemblable qu'elle doit

vivement préoccuper le Grand Chancelier, d'autant plus que les ressources de l'Emigration paraissent sur le point de se tarir par suite de l'impossibilité chaque jour plus grande de trouver du travail au dehors, et qu'à la misère croissant par la surabondance des Naissances vient se joindre la privation de toute Liberté.

Il y a, pour l'Allemagne, deux moyens d'en finir :

Une Guerre ou une Restitution.

Le Désarmement ne peut venir qu'ensuite.

La Guerre n'est pas un remède, mais un fléau pire que le mal. La preuve en est que la Guerre de 1870, bien qu'elle ait abouti à d'éclatants succès, n'a fait que développer l'Emigration des Allemands dans des proportions inconnues auparavant, puisque, depuis lors, il est sorti d'Allemagne jusqu'à 300,000 Individus dans certaines années.

Enfin, une Guerre peut conduire à une catastrophe, même quand l'Armée paraît à peu près assurée de la victoire, comme nous l'avons vu en 1870, et cette certitude devient chaque jour de plus en plus problématique pour les Allemands dans une lutte contre les Français.

La Rétrocession de l'Alsace et de la Lorraine à la France résoudrait donc seule les difficultés du Présent et permettrait d'éviter les périls de l'Avenir.

Cette Restitution est-elle possible ?

Oui, actuellement.

Non, plus tard.

En tout cas, elle honorerait grandement l'Allemagne.

En ce moment, rien ne s'oppose à ce que, en pleine Paix, l'Allemagne vienne dire à la France :

« J'ai commis une double Erreur après la Guerre de 1870. J'ai cru que les Popu-

lations de l'Alsace et de la Lorraine rede-
viendraient volontiers Allemandes. J'ai
pensé que la présence de Garnisons Allemandes à Metz et à Strasbourg me don-
nerait toute sécurité. Je me suis trompée.
Aujourd'hui, je reconnais que les Alsaciens et les Lorrains veulent rester Français et j'avoue que, malgré mes deux
grandes Forteresses de la rive gauche du
Rhin, j'éprouve de mortelles inquiétudes
pour l'Intégrité de mon Territoire, en
même temps que certains symptômes
menacent à l'Intérieur ma propre Constitution. Reprenez possession des deux
Provinces que nous vous avions indûment
enlevées. Mais, en échange de cette Restitution, jurez-moi une Amitié éternelle, et
pour m'en donner un témoignage écla-
tant, procédez avec moi à un commun
Désarmement. Donnez-moi, en outre,
l'assurance, de travailler avec moi aux
progrès de la Civilisation. »

La France jurerait, et l'Allemagne peut avoir l'assurance que nous saurions tenir notre Serment.

Si l'Allemagne ne prend pas maintenant cette décision qui, nous l'avouons, lui coûtera peut-être beaucoup, mais qui sera tout à sa gloire, jamais elle n'en retrouvera l'occasion, ou du moins jamais elle ne sera dans des conditions aussi favorables pour agir avec autant de grandeur.

La France ne peut, en effet, renoncer à l'Alsace et à la Lorraine.

Elle ne le peut: en premier lieu, parce que la vérité historique et la situation Géographique de la France assignent à notre Pays un rôle prépondérant sur toute la rive gauche du Rhin et lui donnent la libre disposition de cette rive dans la partie du cours du Fleuve qui s'étend entre les Vosges et la Forêt-Noire; en second lieu, parce qu'il se trouve dans les deux Provinces une brave

et honnête Population qui entend demeurer Française.

L'Allemagne peut assurément être mé-
contente des témoignages de sympathie
que nous donnent les Alsaciens et les Lorrains, mais elle serait mal venue de se
plaindre que la France les accueille et
les entende, de même qu'elle ne peut imputer à mal nos regrets des deux Provinces perdues, puisqu'il n'y a pas plus
de seize ans que nous avons été chassés
de l'Alsace et de la Lorraine et que, pour
justifier notre expulsion, les Allemands
invoquaient de prétendus Droits qui da-
taient d'avant le Traité de Westphalie,
c'est-à-dire qui remontaient à plus de
deux cents ans.

La France perdrait toute estime d'elle-
même et toute considération aux yeux
des autres Puissances si elle restait sourde
aux lamentations de ceux de ses Enfants
qui lui ont été enlevés et qui se rappel-

lent à son souvenir avec autant de ten-
dresse et d'héroïsme que de résignation
et de confiance.

La Politique Française se trouve donc
orientée forcément vers le retour de
l'Alsace et de la Lorraine dans le sein de
la Mère-Patrie.

C'est là son But constant, son Objectif unique.

Elle n'a pas le droit d'en prendre un
autre, tant qu'elle ne l'aura pas atteint.

Quelles que soient les combinaisons
politiques des autres Puissances Européennes, elle doit sans cesse y revenir.

Or, il se peut que ces combinaisons
mettent l'Allemagne dans la nécessité de
résister à deux ou plusieurs Puissances,
que la France fût du nombre, et que,
pour nous dégager de cette Coalition par-
tielle ou générale, elle nous offrît de
rentrer en possession de l'Alsace et de la
Lorraine.

Ce serait alors trop tard, comme nous le disions précédemment, car la France n'a qu'une parole, et, dès l'instant qu'elle l'aurait donnée, elle ne pourrait la retirer.

Aussi, nous le répétons, si l'Allemagne veut sincèrement la Paix, c'est en pleine Paix qu'elle doit nous rendre l'Alsace et la Lorraine.

Cette restitution serait, pour le futur et prochain Héritier du vieil Empereur Guillaume, le **plus** magnanime Don de joyeux Avénement.

On le dit juste, pacifique et libéral.

Qu'il le prouve en montant sur le Trône.

Sinon, l'Allemagne et la France resteront l'Arme au pied, l'Œil au guet et l'Oreille aux écoutes, jusqu'au jour où fatalement elles en viendront aux mains pour défendre : la première, sa conquête ; la seconde, son droit.

Et le jour où la France combattra pour son droit, elle sera invincible, qu'on le sache bien.

M. le Prince de Bismarck n'a-t-il pas déclaré lui-même au Reichstag que l'éventualité d'une défaite pour l'Allemagne, dans le cas où elle lutterait seule contre nous, ne devait pas être considérée comme impossible ?

« Je ne suis pas assez craintif pour prédire que nous serions battus, a-t-il dit, mais personne ne peut nier la possibilité d'un tel résultat. Jusqu'à présent, il n'y a que des Civils qui contestent cette possibilité. Les mêmes Généraux et les mêmes Officiers qui ont fait la Guerre en France sous les ordres de Notre Souverain, sont d'un avis contraire.

« Vous estimez au-dessous de sa valeur la puissance de la France. La France est un grand, un puissant Pays, tout aussi puissant que le nôtre. La France a une Population guerrière, une Population vaillante. Elle a toujours eu d'habiles Chefs d'Armées. C'est un hasard si les Français ont succombé sous nos Armes. Vous vous méprenez sur les Français de la façon la plus complète. Ce serait de la présomption de dire que la France est destinée à être naturellement battue si elle se levait seule contre nous. »

Quand deux Adversaires loyaux se sont rencontrés sur le terrain pour vider une querelle les armes à la main, n'est-il pas de coutume que celui qui a mis l'autre hors de combat tende la main à ce dernier !

Que l'Allemagne agisse donc de même envers la France.

Qu'elle lui rende en même temps l'Alsace et la Lorraine.

Ce sera pour l'Allemagne la plus sûre garantie de son Unité et pour l'Europe le maintien de cette Paix si nécessaire aux Nations civilisées.

5° Plébiscite d'option. — Mais il est à craindre que le Parti Militaire Allemand, qui est tout-puissant en Allemagne, donne cette Restitution comme un acte de faiblesse.

Il importe de faire disparaître un argument qui, bien que spécieux, n'est point sans valeur, car il met en jeu l'amour-propre.

Que l'on demande aux Alsaciens et aux Lorrains de décider de leur propre sort.

Qu'ils disent eux-mêmes s'ils veulent être Français, Allemands ou Neutres !

Mais qu'ils aient toute liberté pour exprimer leurs préférences en pleine franchise !

La France, pouvons-nous assurer, respectera la décision de ce Plébiscite, si elle lui est contraire. L'Allemagne aussi, nous en avons la certitude.

Toute cause de conflit ayant disparu de l'Europe Occidentale, le désarmement s'imposera aux deux Etats, et la Question qui les divise aura été résolue sans effusion de sang, comme il convient au Droit moderne des Peuples.

FIN

IMPRIMERiE ÉMILE COLIN, A SAINT-GERMAIN

www.ingramcontent.com/pod-product-compliance
Lightning Source LLC
Chambersburg PA
CBHW071953110426
42744CB00030B/1196